女孩的祕密帳號

언니의 비밀계정

金刺蝟、徐代蘭 著

張雅眉 譯

女孩們的熱烈推薦——

社群帳號的背後有人，而且是情感豐富的人。我從金刺蝟和徐代蘭向彼此表達關心和愛的那種讓人心情愉快的模樣中，瞭解到一件事——「閱讀女性主義」的力量來自於他們本身的能力，也就是超越彼此、感受到連結的「我們」。

——煓（「追蹤團火花」成員、《您已登入N號房》作者）

女性主義者在這世上的生活是怎麼樣的？兩個原本陌生的女孩，逐漸靠近彼此、成為朋友。光是觀察這段情感豐富的過程，就能獲得勇氣，就算沒辦法馬上找到答案，只要彼此相伴，就不會孤單了。

——崔至恩（《我不想當媽媽》作者）

來自祕密帳號的祝賀──

能跟兩位作者一起成長，就足以讓我感到充滿力量。這個祕密帳號對我就是那樣的朋友！

──粉絲 su***

作者的祕密帳號帶給我很大的力量！就像有一個與你分享真心、建立連結的姐姐在替我加油。

──粉絲 ah*_***

有時讀到笑出來、有時讀到哭出來！直到祕密帳號的故事能用公開帳號發表的那一天，我都會替你們加油！

──粉絲 uo**_**

當我擔心是不是只有自己這樣想，打算將不舒服的情緒壓下去時，只要來到這個祕密帳號，就能得到安慰。

──粉絲 wi**_**

接觸到這個祕密帳號之後，我好像獲得了一支可靠的援軍。

——粉絲 yo***

我經常感到寂寞，唯獨在這裡，我能自在地聽想聽的、說想說的話。

——粉絲 ma****

我有兩個女兒，希望至少我的女兒能生活在比現在更好的世界。

——粉絲 u_s****

在想放棄一切時，只要點進這個祕密帳號，就會因為至少還有人和我想法相同而感到安心。

——粉絲 in****

以前我被關在狹隘的視野裡，接觸這個祕密帳號後，我終於開始面對內心的仇恨，是它給了我成長的機會。

——粉絲 zx**_**

我知道這個祕密帳號會站在我這一邊，光是這點就讓我感到非常踏實。

——粉絲 _jx***

在這個祕密帳號，大家可以輕鬆談論女性主義，同理女性的痛苦，一起感到憤怒。謝謝你們的存在！

——粉絲 _zy**

身為女人而活很不容易，而身為一個女性主義者而活更不簡單。我之所以還能喘口氣，都是因為這個祕密帳號，讓我遇見了同樣的一群人。

——粉絲 ss***_**_**

我曾經沒來由地討厭自己，但這個祕密帳號讓我漸漸丟棄了憎惡之心，去愛世上所有女性，和身為女性的我。

——粉絲 mm***

@_Contents

@_1

我經常感到孤獨，直到遇見你

@_2

你原本的夢想是什麼？

@_3

我們會過得很好的！

刺蝟

開始寫信
刺蝟的來信

不知不覺，在社群網站上經營「閱讀女性主義」帳號已經超過三年了。我再次想起一開始經營帳號時的決心——只介紹書籍，絕不會表達我個人的意見。因為針對社會議題公開表態，同時也意味著會在不特定的多數人面前暴露自己，淪為大眾攻擊的對象。

「網路」這個空間實在很可怕，雖然心中也有些可愛的念頭，像是「說不定我日後會成為大人物，現在千萬不能留下黑歷史」，但實際上是因為我的個性，光是看大家用留言脣槍舌箭，就會消耗掉很多能量。

這樣的我竟然在經營以女性主義為主題的帳號，我自己比誰都驚訝，但這更堅定了我的決心。就躲在書後面吧！於是我忍了下來。當因為「女性主義者」這個身分而飽受惡意留言折磨時；對發生在現實生活中的事件憤慨不已時；發現世界不僅沒有變得更好，反而更倒退時——這些時候，我都會獨自在手機備忘錄裡宣洩怒火。

一開始只是寫一些我想跟其他人分享的內容，後來還寫了我察覺到的問題，以及對不合理的社會結構的批判。隨著時間流逝，我心裡逐漸累積許多想講的話。看著這樣的我，代蘭曾說：「你總有一天會寫書。」

沒想到這個「總有一天」會成真，而且竟然還是我們兩個一起出書。如果不是代蘭，我大概還在備忘錄裡寫東西吧！

我也發現自己運氣很好，能擁有一個同樣關心女性主義，可以一起讀書，並且像這樣對話的朋友。說不定有些人根本沒機會接觸女性主義。假如我生長在很嚴格、父權主義強勢的環境；假如我在心中產生疑問時直接遭到否定；假如我沒辦法盡情閱讀想讀的書；假如沒有人可以跟我一起談論問題，我應該會和現在很不一樣吧！除了很感謝一直以來習以為常的生活和環境，我同時也產生了勇氣——能開口說出來的人，應該要多多發聲。

本書收錄的是「閱讀女性主義」的經營者（我），跟我可靠的朋友代蘭之間的往返書信。信中，我們以此帳號為話題的核心，從極其私人的經驗到對社會議題的看法都坦率地寫了出來。編撰成書後，我覺得書中描寫的似乎就是生活在此刻、平凡的我們的故事。

「閱讀女性主義」隨時都會對站在女性主義門檻前猶豫不決的人伸出援手。希望有更多人來到我們的祕密帳號，交流彼此的故事，就像代蘭和我這樣。

二〇二二年初夏

「閱讀女性主義」經營者　金刺蝟

代蘭

開始寫信

代蘭的來信

在經歷初次見面的尷尬後，居然發現了姐姐你在經營祕密帳號，之後還兩個人一起去旅行，現在甚至出版了這本書。我們來往的信件竟然編成了一本書，太神奇了！在下一頁，我們又會寫出什麼內容呢？感覺要先準備很多漂亮的信紙。

雖然書中收錄的是我寫給你的信，但同時也是我想對活在同個時代的女性傳達的心意——「你不是獨自一人，不是只有你有那樣的感受和不適，我也和你一樣。」雖然可能有些笨拙，但希望我在文字中的真心能觸動到大家。

最近通勤時經常看到剪短髮的女學生。說起來有點難為情，直到現在我看到那樣的打扮還是會想：「那是女生還是男生？」雖然是反射性的念頭，但每次這麼想時，我還是會刻意在腦中稍微指責一下自己：「那一點都不重要。」

在這種時候，就很需要你的祕密帳號。

我仍然很不成熟，不過你給我的書、說給我聽的故事都讓我學到很多。有人以寬容的內心理解了我的黑歷史，糾正我犯的錯，因此我現在才能成為比昨天更好一點的自己。我們都需要老師來教導我們不知道的那些事，還需要能坦承自己也不知道的朋友來給予擁抱。就像我們收錄在這本書中的信件那樣。

雖然不能馬上改變世界所有的不合理，但希望我們能從溫暖安慰身邊的人開始做起。期許這本書中的暖意輾轉流傳後，能同理某個人的處境，安慰某個人的內心，並成為某個人活下去的力量。我真心期盼能如此。

二〇二二年初夏

你永遠的朋友　徐代蘭

@_1

我經常感到孤獨，
直到遇見你

代蘭

我發現了那個祕密帳號

你還記得我們很不熟的時候嗎？那時候姐姐和我會尊稱彼此「老師」。現在想來，我們只是同事，有些距離感也沒什麼好奇怪的。

但當時的氣氛對我有點難以承受，我很緊張，氣流中總是有股尷尬氛圍，想說話時又完全開不了口。我的上半身會朝向正前方的螢幕，只滾動眼球往身旁瞄去。直到有一次，當你大大地嘆了一口氣時，我在心裡高喊：「就是現在！」同時輕輕拋出一個問句：

「老師，您遇到什麼事了嗎？」

一問完馬上又擔心我會不會太多嘴、管太多了？腦中冒出一堆有的沒的念頭。我非常膽小，那時不曉得是哪來的勇氣。大概是看見你盯著手機的表情瞬間變得黯淡，所以沒辦法裝作不知道吧！雖然你看起來很淡定，但又很孤單。啊！當然，那可能只是我的錯覺。這種言語快於想法的舉動，實在不像平常的我會做的事，所以我也一直在觀察你的表情。那時你轉過頭來看我，短暫露出沉思的神情後才開口：

「喔，其實沒什麼啦……」

你說你在社群網站上匿名經營了一個祕密帳號。雖然沒有說是什麼樣的帳號，但你說帳號上有很多惡意留言，所以才心情不太好。難怪你從早上開始表情就莫名地消沉，讓我很在意，原來是因為這種事……

我到現在都還清楚記得聽到那個回覆的瞬間——這位「老師」竟然在經營祕密帳號?!那天，我得知了坐在隔板另一邊的同事的祕密，比起好奇那是什麼帳號，我更先感到的是驚訝，心臟也噗通噗通地跳得很快。因為我覺得知曉某人的祕密，就等於縮短了與那個人的距離。該怎麼說呢？就像隔壁桌的您本來是同事，現在卻成為跟我住同個社區的姐姐一樣。

知道你有一個祕密帳號後，我們聊了許多話題。不是工作上的內容，而是非常私人、非常親密的那種話題。雖然在別人眼中可能是無關緊要的小事，不過我覺得我們的對話一點都不瑣碎。從「今天中午吃什麼」這種輕鬆的談話，到「你有看到今天早上的新聞嗎」這類嚴肅的話題，幾乎每天都在哀嘆或悼念日漸消失的女性生活。

我很喜歡聊天時你經常把想到的書告訴我，因為我們喜歡的領域不同，那些書名往往都很陌生。你三不五時就會告訴我一些我不知道的新聞或書籍，跟你聊天可說是拓寬了我看待世界的視野。但另一方面，我的好奇心也越來越旺盛。你經營的帳號到底是什麼樣的帳號？為什麼有時貼文會被移除，有時還會有惡意留言呢？跟我們聊的內容有關嗎？

我問不出口。人選擇沉默都是有理由的。或許我心裡也認為，我們還沒有親近到能分享所有祕密的程度。

⋯

「我其實在經營女性主義的帳號。」

當稱呼從老師變成姐姐後，你悄悄向我坦白了。女性主義帳號……其實這個詞彙對我來說一直是困難又沉重的主題，所以下意識地愣了一下。但我也想到，你究竟煩惱了多久才將這件事說出口？就覺得很心疼，也擔心你跟我說這些真的沒關係嗎？我既不好意思又很感謝，心情相當複雜。不過，我最擔心的還是姐姐。

粉絲數二點七萬人。你上傳的貼文竟然有超過兩萬人在看？那個數字好沉重，也很可怕。畢竟女性主義帳號的粉絲數很多，並不是什麼特別讓人高興的事嘛！

我試著體會你在工作繁忙之餘，還要抽空刪除惡意留言的心情。一想到你不知道是怎麼熬過無數枝射向自己的箭矢，就覺得很心痛。路過的行人隨手留下的幾句話，大概也會留下傷痕吧！那個路人知道自己傷害到別人了嗎？真的有夠沒禮貌。總有一天，那些位置不明的傷口終究會把你逼哭，流下忍耐已久的淚水吧。所以，我總是很想問：

你今天好嗎？

最近看著祕密帳號貼文下的那些留言，我時常感到難過。似乎有很多人都不知道祕密帳號背後是一個人。你用下班的時間撰寫貼文，總在煩惱該怎麼做才能將女性的故事傳遞給更多人。我希望有更多人知道這些，也希望有更多人能聽見你想跟大家一起聊聊，想鼓勵大家彼此理解的呼聲。直到那時，我都會在後面默默支持的！因為我相信你藏在祕密帳號裡的真心。

刺蝟

祕密帳號裡的惡意留言

我以為自己在刪惡意留言時有維持撲克臉，原來都看得出來啊！其實我那天似乎心情特別受影響，才會把不曾跟任何人說過，關於祕密帳號的事告訴你。

你早上起來做的第一件事情是什麼呢？是躺在床上看未讀的訊息嗎？追星是你的日常，說不定你會先從推特開始看起。我會在一天的開始看 Instagram 的留言，但我經營的帳號總是會出現惡意留言。本來早上就很難起床了……唉，這個任務真不簡單。看著手機螢幕上持續發出的亮光，我會反射性地皺緊眉頭。唉，真的太刺眼了，好像擠出了一點眼淚。這瞬間就是最好的時機。

我都是趁早上還沒完全從睡夢中醒來、意識朦朧的時候，趕快刪除惡意留言。趕快滾到我的視線之外！刪除、刪除、刪除！必須在感覺變清晰前整理留言區，才不會記得他們說了什麼。有時我會在洗頭髮時回想：「剛剛好像刪了留言，不過內容是在講什麼啊？」

第一次接觸到惡意留言時，我的心臟狂跳，全身變得很燥熱。和平的日常瞬間四分五裂，碎片還狠狠刺入我的身體裡。用一句話來說，就像是壽命減短的感覺。這種狀況一天會發生好幾次，簡直快把我搞瘋了。不過我現在已經麻木許多了。當然，依舊有很多讓我生氣、鬱悶又驚嚇的事情。有時睡到一半，想看一下時間而點開手機螢幕時，會看到幾十個惡意留言的通知。

「不要再扮演受害者了，最近哪還有那種人啊？」有很多像這樣否定我們親身經歷的留言。而我最討厭的就是那種偽裝成問題的留言：

我是真的不懂才問的，你對A有什麼看法？

你覺得這則留言是什麼意思？以前我會直接照字面上的意思去理解，以為他是真的不懂，所以我應該親切地告訴他，於是很有誠意地回覆留言。結果你知道後來發生什麼事嗎？寫那個留言的人突然很生氣，開始激動地表達自己的主張。我真的嚇一大跳。他似乎還很自豪，認為自己的指責客觀又犀利。他一開始就對這個帳號的內容毫無興趣，他丟出問題當作誘餌，只是為了要攻擊我。所謂披著羊皮的狼原來就是這樣。

最好笑的是，他們不覺得自己寫的是惡意留言。你以為這種充滿惡意的留言大多都是非公開帳號寫的對吧？錯了，出乎意料的是，他們是在公開長相和名字的狀態下任意罵人的。我實在沒辦法在這裡把那些髒話寫出來（而且也不想寫！）。他們甚至還會找朋友來加入寫惡意留言的行列。看來對他們來說，這個帳號上傳的所有貼文都該罵。就像是要用手指出力捏死螞蟻那樣，他們大概想捏死女性主義帳號吧！他們面對社會問題很消極，卻像是在玩什麼有趣遊戲那樣地寫惡意留言。我覺得那種態度真的很有問題。他們害真正喜歡這個帳號的女性主義者沒辦法放心地留言。

所以我很努力在整理留言。工作做到一半，吃飯吃到一半，睡覺睡到一半，隨時都做好出動的準備。假如有人吵起來，我必須立刻指揮交通才行。爭執通常都是這樣引起的：經過的路人甲先開始挑釁。

如果有人在貼文下留言「借分享」，路人甲就會在下面寫荒謬的留言：「趕快分享出去，讓你身邊的人都知道你是女性主義者。」他是故意的，在一串串的留言大戰爆發前得趕快刪除才行。不能讓在女性主義帳號上留言這件事，淪為必須承受惡意指責的事！類似的事情如果一再發生，大家就沒辦法在這裡自由地交流意見了。

啊！現在又有一則惡意留言了：

keyboard warrior　矮額，這群噁心的女性主義者到底是從哪裡一直爬出來的啊！（一分鐘前）

聽說壓力是百病的根源。再這樣下去，我就算健康出問題也沒什麼好奇怪的。面對這些想適應又適應不了的狀況，有時真的太難受了，讓人窒息。我是為了享受什麼榮華富貴才吃這些苦的嗎？好想放棄一切。我煩惱了數十遍，不對，是數百遍，但我實在沒辦法放棄。

偶爾會有人問我，怎麼有勇氣經營女性主義的帳號。明明壓力很大，又飽受惡意留言折磨，為什麼還是沒辦法放棄？我有時候也很好奇。但你的信鼓舞了我。說不定支撐這個祕密帳號的不只是我的勇氣，更因為有你以及與你相似的許多人的關心，這就是我沒辦法放棄的原因吧！

代蘭

連接起我們的各種小問題

姐姐怎麼那麼會寫信啊？真是羨慕。其實我在寫信前都需要下很大的決心，只有在媽媽、爸爸生日那種特別的日子才會寫信，而且我一直覺得這是很形式化又很麻煩的事。每年都跟往常一樣，以「謝謝你生下我」為開頭，然後以「我愛你」做結尾，就像處理例行公事那樣。所以當提起原子筆要寫信時，總是覺得困難重重。尤其這又是要寫給你的信，我心裡還多了企圖心，想著該用什麼華麗的詞彙來觸動姐姐的內心呢？所以好像更加苦惱了。這封信也一樣。關於信件開頭要寫什麼，我苦思了非常久，才小心翼翼地下筆，因為我非常想將真心傳遞給你。

還記得嗎？我們初次以同事身分見面的那天！那是第一次和你的公司開會，我非常緊張，緊張到整個人像一塊硬邦邦的木頭。因為職業的特殊性質，一旦確定雇用，我就得像巡迴執勤那樣拜訪許多廠商，這些互相打招呼的會議並不輕鬆。總之，只要一想到要和初次見面的同事打招呼，我就覺得很緊張。

你任職的公司是那天最後一個會議地點，一整天我已經不曉得開了幾場會議，雖然忍不住嘆了口氣，但還是有努力做好表情管理。我拉緊臉部肌肉，獨自花了好一番工夫才勉強擠出一個笑容。會議氣氛相當熱絡，但我反而更焦慮，感覺好像只有我一個人在尷尬似的。

就在會議快結束時，我小心翼翼地跟你說，在你們公司工作的期間，我無法居家辦公，想確認能不能到公司上班。結果你立刻回絕了我，還記得嗎？你連覺得為難的表情都沒有，馬上就回我說「沒辦法」，差點害我維持不住勉強擠出來的笑容。

當然，後來你說明了因為疫情的關係，保持社交距離的政策變得更嚴格，必須照規定走。你清新又稚氣的臉蛋上有一雙明亮的眼睛，說話語氣也很乾脆，不禁讓我覺得你是和我非常不一樣的人。因此，當時我立刻就在心裡畫清了界線，斷定我們兩個沒辦法變親近了。

不曉得是不是因為這樣，會議後初次上班見到你的那天，我非常緊張。好不容易平復焦躁的內心後才走入辦公室，但與我擔心的不同，你用明亮的笑容開心地迎接了我，我才放鬆了一些。陌生的環境使我驚慌失措，但你冷靜地安撫我，並且仔細說明工作內容，讓我都不好意思了。姐姐人明明這麼好，原來是我誤會了呀，甚至還覺得有些丟臉。於是我那天下班後才會傳很長的訊息給你。那是上班的第一天，我擔心私下聯絡會讓你有壓力，在把訊息傳出去前還猶豫了好幾十次呢（笑）。

根據我的觀察，你真的是很神奇的人。每次你從總公司回來時，兩手都會各抱一大袋沉重的行李，但即使汗流浹背，你也不曾流露疲憊的神情，總是很有精神的樣子，真的好神奇。就算工作量大爆炸也會游刃有餘地處理，遇到突發狀況也不會驚慌失措，可以冷靜地解決問題。那些模樣在在令我讚歎，暗自覺得我的同事真帥氣。

對了，我最喜歡你在上班時提出的「每日一問」。你問我問題時總是不分時間和地點，我覺得非常有趣。原本因過於忙碌而忽略的心情，都會在那時被重新喚醒。

「如果替現在的生活打分數，滿分十分你會打幾分？」

「會想回到學生時代嗎？」

「你覺得什麼時候最幸福？」

從這類個人的問題到關乎人生的深刻問題都有，像是「人為什麼而活？」「你人生的價值觀是什麼？」然後我就會像學生在解大學入學考試的最後一道題那樣認真回答。當然偶爾也有答不上來的時候，畢竟當時的我沒有太多力氣去思考那些問題，對無精打采、硬撐著過日子的我來說，有些問題感覺沒什麼意義，所以我只能靜靜地用笑容來掩飾。

當你問我：「人為什麼而活？」我總不能回答：「對啊，人到底是為什麼而活呢？我是因為死不了才活著。」我覺得被那些問題戳到了痛處，卻也想要尋找答案。

其實我非常渴望找到生活的理由或目的，很想開朗的笑著回答：「我是為了這個而活！」當時雖然不知道答案，但我現在好像知道了。我是為了「我」而活的。為了一直和你一起做很多有趣的事而活。

當然，一開始你問我這些問題時，我還滿困惑的。如果我說自己沒有納悶：「上班時問這個幹嘛？」那就是在撒謊了。不過我們一起在公司相處的這段期間，這些疑問都徹底消除了，愉悅的心情開始萌生。這都是託你問那些問題的福。無論關係再怎麼好，也很難輕鬆談論這些話題，但這些話題隨意地插入我們之間，我覺得很有趣，好像有種從無聊的上班生活中短暫逃脫的感覺。

你是前一天就在想今天的問題嗎？有沒有想問題想到錯過睡覺的時間呢？無意間冒出來的念頭飄得越來越遠，甚至開始擔心我會不會哪一天粗心地踩到你的紅線。當這類煩惱越來越多，晚上焦慮到不行時，我就會開始寫信。藉由信件小心翼翼地向對方詢問我的感受是否正確。這時，我不會用多餘的言語去試探對方，而是會很坦率地寫出心中的想法。尤其收信的人是你，所以我更會這麼做。

每每我在信中展露自己赤裸的真心時，你都會給我很明確的回信：「是就是，不是就不是！」大概就是像這種乾脆又可靠的回答。

你知道嗎？我想聽的那些話，都在你寫給我的回信裡了喔。信裡的每一字每一句，培養了我的信心。能跟某個人傾訴內心真的是非常幸運的事。而那個人是你，這更讓我開心。

刺蝟

從尊稱變暱稱的那瞬間

你是什麼時候開始叫我姐姐的呢？我偶爾會想起以前我們互稱彼此為「老師」的時候。即使我要你別再說敬語，你還是堅定地拒絕了，說講敬語比較習慣。每次聽到你那樣回答時，我雖然都笑著說「好吧」，實際上卻暗自難過，心想：「原來不管我們再怎麼熟，還是沒辦法以姐妹相稱啊！」

不是都說真正親近的關係是即使不說話也不會尷尬嗎？當然，我並不覺得我們之間保持沉默時會不自在。但我還是一直想跟你說話。就連你專心在做某件事時，或是熱到每件事都讓你覺得很煩躁時，我也想跟你說話。明知道你的狀況，還是跟你說無聊的笑話、開你玩笑，我都不曉得自己在講些什麼，還一直跟你講個不停。

我為什麼老是想跟你說話呢？大概是出於想和你建立連結的念頭，才會一直丟球給你吧！你是個出色的接球選手，總是能熟練地接住球，回答我拋出的問題。但你知道嗎？我一臉若無其事隨便丟出去的球，並不是很隨便的內容。在輕鬆的閒話中偶爾也暗藏了變化球，甚至連投手本人我都沒發現。那種時候我也很慌張。哎呀！這時得趕快打起精神。因為就算你是非常出色的接球選手，也可能會被我說出口的話傷到。

很難靠近卻很容易疏遠的，正是人與人之間的關係啊。所謂的關係，必須由兩條線互相纏繞才會開始。相反的，離別卻不需要雙方同意，只要用剪刀「喀嚓」一下剪斷其中一條線，關係就會中斷。每每想到這個事實，我就會默默在心裡決定——不要讓任何人靠近我。與其受傷，還不如一個人過。這麼想之後心情反而比較輕鬆。有時我還會覺得自己這樣很獨立而感到自豪。但從某一刻開始，我明白到我這麼做其實是在避免自己受到他人傷害。看來與某個人變疏遠，對我來說是很難承受的。促使我直視這個事實的，是一件非常瑣碎的小事。

開心地和朋友聚會完、互道再見時，我總是會回頭看，因為很不捨。可能是剛剛玩在一起的情緒還留著吧！當我依依不捨地回過頭時，朋友卻彷彿已經忘光似的快步走遠了。其實這很正常，根本沒什麼，所以我從未想過把這種捨不得說出口。不過這真的讓我很不捨、惆悵，這類情緒越積越多後，我現在乾脆刻意不回頭看。在埋怨對方你堅信明天跟後天，我們都會再見。

從你的老師變成你的姐姐之前，我們之間相隔了多遠呢？隔了一九九一年到一九九五年之間的時光嗎？還是隔了一百五十二公分和一百六十三公分的差距？抑或是ENTP和INFP[1]的差別？有時我覺得你我的距離遠得如同無法橫越的江河，有時又覺得或許比我想像的近得多。從我記不得你是哪時候開始叫我姐姐、哪時候不再說敬語的這一點來看，還真是如此。

變成你的姐姐之後，我自然而然就不在轉過頭時胡思亂想了。不會刻意裝瀟灑，也不會假裝做別的事。雖然不是什麼話都能面對面說出來，但沒說出來的部分也可以了解，我似乎擁有了這樣的信心。我

1. MBTI，十六型人格分析測驗，在韓國相當流行。

依然會在分別時靜靜看著你的背影。在你和我逐漸拉開的距離之間，留下的不再是我的寂寞，而是我們的溫暖。我希望你回家路上平安，一想到明天見面又能聊各種話題，心情就很雀躍。如同我們的稱呼自然而然地產生變化那樣，你的背影之於我的意義也在不知不覺中轉變了。真的很神奇吧！

PS. 不過，在非常辛苦的日子，我偶爾還是會期待你能回頭看看我。那個短暫的一瞬，似乎能讓我不那麼寂寞。

週一上班只要見到你，我就會興奮地將自己週末發生的事一件都不漏地告訴你。不過你從來都不跟我說你的事，總是這樣簡短地回覆我。你知道我有多失落嗎？我們對話的形式經常是這樣：我一個人喋喋不休地說，而你只是靜靜聆聽。我問問題，你就簡短回答。起初我沒怎麼在意，但只要開始意識到，遲早都會觸發失落的情緒。

雖然是你細膩的性格和同樣細膩的我的性格使我們建立起了連結，但我一直覺得這種敏感的特質，總有一天可能會變成迴力鏢打到我們身上。果然，為什麼悲傷的預感總是特別準呢？那天，你的言語和行動對我而言突然有了別的意義，明明平常都覺得沒什麼的。

你不想跟我說話嗎？是我越線了嗎？你只把我當作公司同事嗎？說不定你已經表示得很明白了，只是我沒看懂？我以為我們很熟，看來只是我的錯覺。好啊，如果你要這樣，那我以後也不會再理你了！

在你先跟我說話之前，我絕對不說話！哼！

真的很幼稚吧？

不過，不管我再怎麼保持沉默，你都沒有先跟我說話。真是二度打擊……只要看到你的臉我就想哭，所以連看都沒辦法看，只能抬頭望著上方，開口說道：

「這週末約好出去玩的計畫取消吧！」

就這樣，第一次失落感大對決開始。

那時你才嚇得睜大眼睛，問：「怎麼了？我第一次看你這樣，不曉得該怎麼辦。我做錯了什麼嗎？」

「怎麼？你心虛了？」

「……什麼意思？」

現在回想起來，我說出口的話連自己都覺得陌生。當時已經超過沸點的情緒持續滿溢出來，無法輕易平息。你說你只是在等我先開口，努力跟我解釋，想解開誤會。但對從一開始就套上失落濾鏡的我來說，那些根本就沒有用。

不過，那時你說：「我相信現在這些情緒化的發言並不是姐姐的真心，之前我們通信的內容才是你真實的想法。」

聽到這番話，我整個清醒了過來。仔細想想，我好像挺卑鄙的。我那時才知道，沒有好好覺察自己的情緒，有時可能會對別人造成傷害。於是，第一次失落感大對決就這樣虛無地結束，我們兩個都紅著雙眼看向對方，不好意思地笑了。把這些寫出來後，我想再次跟你說：「那時候真對不起。」

我從沒跟朋友吐露過這種情緒，總是選擇自己默默遠離，沒想到我竟然會跟某個人坦白自己很失落。而出乎我意料的是，什麼事都沒發生，反倒成為我們更了解對方的契機。說出難過的心情，解開誤會，和好，我很慶幸是與你一起經歷這些過程。這反而讓我們的關係變得更加穩固。

代蘭

沒說出口的那些話

我從白天開始就在想要寫什麼給你。我蜷縮著背、皺著眉頭，看著在鍵盤上盤旋的手指，卻只能嘆氣。明明不是第一次寫信，居然這麼猶豫拖拉。那次和姐姐短暫的鬧彆扭時，我真的很難過，很怕被你討厭。因為害怕，所以這次才鼓起勇氣先跟你說話，真的很感謝你在聽了之後伸手與我和好。

其實我話很少。而且越喜歡對方，話就越少。理由很簡單，我怕那個人因為我說的話和我疏遠。如果一開始就不說話，就絕對不會失誤。聽起來雖然像是藉口，但我對姐姐也是這樣。只是沒想到那些自以為體貼的舉動，竟然傷了你的心。

那時我才知道，如果說有些人和我一樣，認為在對方說話前先問問題是沒有禮貌的舉動，那也就會有人認為不主動說話代表不關心。我突然明白了，又不是所有人都跟我一樣，我怎麼只用自己的標準來建立關係呢？

你寄來的兩封信我反覆讀了好幾次，因為覺得很感激。很感謝姐姐一直注視並守護我的背影，並且將失落感轉換成變得更親近的心意。雖然我不太常講自己的事，但今天我想鼓起勇氣試試看。

我以前也很常傷心，有許多夜晚都是哭累了才睡著的。留下來的人努力想搞懂離開的人的心思，但離開的人對留下來的人一點都不留戀。比起已經結束的關係，他們似乎更傾向將自己的能量花在往後的發展上。至少我遇過的人都是如此。所以我常想，如果關係中也有「黃燈」該有多好，這樣我就不會越過朋友的界線了。在沒有黃燈的情況下突然看到眼前的紅燈時，我什麼都做不了，只能望著那人離去的背影，靜靜留在原地。

寂寞並不是因為什麼特別的大事，但在手機裡超過三百個聯絡人當中，找不到一個現在能馬上打電話過去的人時，猶豫不決的指尖上大概滿滿都是寂寞吧！即使沒發生什麼特別的事，還是有許多寂寞隱藏在日常生活中的各個角落。一天當中撞見多少寂寞，似乎會左右我那天寂寞的分量。在非常寂寞的日子，不管做什麼都很難過，就算強忍住淚水，也會因為鞋帶在半路上鬆開而整個被擊垮。

姐姐也有過這樣的經驗吧？在那種日子，不如我們就休息吧！

讓想法和情緒都暫停下來，休息一會兒，等內心稍作修整後，再一起去吃你喜歡的越南米線。喝口湯來化解寂寞，再吃幾條米線把悲傷吞下。吃完一碗米線後，再喝甜甜的香草拿鐵來漱漱口。在我們緊緊擁抱對方、分手道別前，別忘記再回頭打一次招呼。我們在分別時，用「不捨」來取代「寂寞」吧！

就像你說的，我也覺得我們的關係反而因為第一次失落感大對決而變得更穩固了。在別人面前我總是急著隱藏情緒，但在姐姐面前我竟然哭到眼睛都紅了。真的很神奇。你的細膩和體貼，好像一次又一次地將我稍稍往外拉。我學會與更多人見面、聽人說話、跟人相處的方法，而不是一直躲在自己心中的洞穴裡。那天雖然只說了對不起，但在突然寫下的這封信中，我還想說謝謝。其實我那天沒說出口的那些話就是這個。

刺蝟

我很怕去朋友家玩

你知道我現在在哪裡寫這封信嗎？就在你家的客廳。剛剛還和你並排躺在床上，你滑推特，我滑Instagram。你睡著後，我才偷偷起床，拿著筆電走出房門。

說實話，你邀請我到你家時，我非常不想來。如果你問：「真的那麼不想來我們家嗎？」我應該會跟你說：「嗯，真的真的非常不想。」要是現在跟你說我不去了，你會失望嗎？這次拒絕後，下次還會有機會嗎？我想了很多，好笑吧？但最後我還是接受了你的邀請，因為我怕這些想法會破壞我們的關係。

從小我爸媽就不喜歡我帶朋友回家。當然，他們也告訴我去朋友家會打擾到別人，甚至連很常見的生日派對我都沒有辦過。後來，我偶然去了某個朋友家玩，因為是第一次去，所以還有點印象。大家開心地玩了一陣子後，我想要喝水，就打開櫥櫃拿出杯子，結果朋友嚇了一大跳，說那個杯子是爸爸專用的，不可以拿來用。對吼，我們家也有每個人專用的杯子，是我大意差點失禮了。

從那之後，我更避免去朋友家，怕自己在無意間造成別人的困擾。不得不去時，我絕對不會動那個家裡的東西，會盡量乖乖坐著。「可以給我一點水嗎？可以坐在這裡嗎？可以做這件事嗎？可以做那件事嗎？」這種一舉一動都要小心翼翼的狀況讓我很不自在，而且說到底，我更擔心自己一個不小心會讓朋友討厭我。

這樣的我怎麼會到你家來呢？還真是個謎。而且還足足待了三天兩夜！甚至長輩都在！我替自己制訂的堅固規則開始出現了裂痕。

其實每次拒絕你反覆提出的邀請時，我都很過意不去，所以才勉為其難地答應，但你不曉得我答應後有多後悔。而且一開始是因為你說家裡沒有其他人，我才答應的，結果在去之前狀況突然改變了！搭著電梯上十一樓的那一點點時間，對我來說不曉得有多漫長。咔，你家大門打開的那瞬間我都還在後悔。

唉，好想回家。

我走進去時，甚至有種踏入老虎洞的悲壯心情。

「您好。」我勇敢地低頭向剛好坐在客廳看電視的伯父打招呼。

啊啊，剛剛明明就臨時抱佛腳努力學了手語，你還稱讚我做得很好。

結果在實戰時卻什麼都想不起來。就在我心想與其做得很糟糕，還不如不要做時……

「爸，姐姐有話跟你說！」

天啊（我還學了手語的「天啊」怎麼比），你幫我鋪路後，我整個害羞到不行。雖然只是伸手在半空中揮了幾下，幸好伯父看起來很開心。看到伯父燦爛的笑容，我莫名覺得很難為情，趕緊跑到房間裡。

你的房間真的很神奇。平常看到一些特別的居家擺設時，還納悶那些東西誰會買？原來買家就在這裡啊！不過那些東西和你好搭。從間接照明到擴香的擺設，房間每個角落都能感受到你用心打理的痕跡。就連貼在牆壁上的海報都很符合你的風格。我參觀了將你的愛好完全展現出來的書桌，看見我送你的書插放在許多書本之間時，默默感到開心。我接著將視線轉移到床鋪上，當我看見兩個並排放置的枕頭時，心中非常感動。因為我感受到你的家人很歡迎我。看到奶奶特別為我事先準備了枕頭，心裡才稍微放鬆下來。

我們徹夜玩桌遊，把學生時期的畢業紀念冊拿出來看，在不捨與愉悅交雜的氣氛中聊個不停。還在陌生又舒適的空間裡，並排躺著徹夜聊天聊到睡著，託你的福我才有這種體驗。看來我心裡一直很期待能有這樣的時刻。

代蘭

說走就走的即興旅行

這是我第一次吃臺灣乾拌麵[2]。Q彈的麵條上點綴著切碎的調味肉末，鋪滿蔥花和海苔絲增添風味，「啪！」肉末上方再放一顆生蛋黃，真是畫龍點睛！配上那間店昏暗的燈光，看起來特別美味。它的

2. 雖名為「臺灣」乾拌麵，實則為名古屋料理。「麵屋花火」（麵屋はなび）創辦人新山直人因應日本當時的臺灣拉麵熱潮，開發出自家品牌的臺灣拉麵，意外研發出「臺灣乾拌麵」，並在二〇一三年的名古屋料理總選舉中獲得準優勝，因而聞名。

味道就和那陌生的擺盤一樣刺激我的好奇心。臺灣乾拌麵又鹹又香，不曉得是不是因為這樣，提到那一天時，我就會想起這個味道。

大概是在吃到一半的時候吧，我跟你說想出門去旅行。其實我並不是真的在提議「一起去旅行」，只是一再重複的日常無聊到難以忍受，才習慣性地那麼說。沒錯，這是我很常說的話。沒想到姐姐卻一臉平靜的看著我說：「那就去吧！」我嚇了一跳，你似乎很清楚我為什麼說出這樣的話。雖然是隨口說說，但我心裡大概很期待聽到那樣的回答吧！那時我們放下正在吃麵的筷子，興奮地討論是要去濟州島還是江原道，或是去釜山。很久沒有像那樣完全忘記明天還要上班的現實了。

吃完午餐後回到公司，我非常興奮地迅速搜尋了機票和住宿資訊。雖然我們本來就常常心有靈犀，但這種時候真的就像是最要好的靈魂雙胞胎。找到時間適合的航班，目的地就決定是釜山了！你訂機票，我訂住宿，兩人一氣呵成地結完帳後，互相交換了一個滿意的笑容。啊，那時候心情真的很好。當然，距離起飛時間只剩六小時的這天下午，我們處理業務的速度也是快到不行。

就這樣，我們踏上了只有十二個小時的釜山快閃之旅。這趟旅程實在太空虛又沒效率了，我自己都覺得荒謬，我們不是要去釜山看海，也不是要去吃什麼超人氣美食。純粹只是想出門才出門的。

我們有說有笑地前往機場時，奶奶打了電話來。我才驚了一下。深呼吸後按下接聽按鈕，立刻傳來奶奶大喊的聲音：「怎麼還沒回家！」

我回答：「對呀，因為我要去釜山！」

當然是被唸了幾句：「你要去釜山，怎麼講得像是要去家門前的超市買東西一樣？」就算奶奶發牢騷，我還是開心得不得了。今天早上出門上班時，我也沒料到會有這樣的驚喜發生。

在起飛的飛機內，我知道你害怕搭飛機，所以心裡很抱歉。我輕輕握住你的手，你低聲跟我說了句謝謝。後來你說的那番話，過了很久我都沒有忘記。

「我真的覺得藝人金淑和宋恩伊很了不起。聽說某天金淑在清晨跟宋恩伊說想去看海，結果宋恩伊回她：『現在就去看吧！』於是兩個人就因為金淑的一句話，清晨跑去看了海。我覺得她們兩個的關係真的很神奇，也很羨慕。」

我沒特別說什麼，只是笑了笑，但我非常清楚姐姐這番話的心意。有時候就是這樣嘛！不需要言語。所以我沒有說謝謝，只是緊緊地又握了一下你的手。

晚上九點，釜山就在我們眼前，真的很神奇。我們煩惱了一下要做什麼後，先把行李放到住處，然後就出來吃晚餐。當時映入眼簾的陌生城市，還有漫步在夜晚街道上的風景，都讓我無法忘懷。

「真搞笑。」

「對啊，真的。」我們邊閒聊邊哈哈大笑。

啊！對了。我們還各自喝了一杯紅酒後，你突然沒頭沒腦地喊：「釜山藏頭詩！」真的超好笑的。（但是，釜：釜鍋，山：山中去……這也太糟了吧！你千萬不要在其他人面前造藏頭詩。）那天就像中午吃的臺灣乾拌麵一樣，一切都很新鮮。

釜山回來後，我獨自去濟州島旅行時，你傳了一個影片來說是驚喜，你還記得嗎？

「這是什麼？」我疑惑地按下播放鍵，發現是我們釜山旅行的影片，又一次被感動了！短暫讚嘆了你將十二小時的旅行濃縮成八分鐘的能力後，突然覺得影片中自己的模樣很陌生。我好久沒看見自己圓圓的臉蛋笑得那麼天真的樣子。影片中的我看起來非常輕鬆自在，甚至連自己都嫉妒、羨慕起自己了。我們在釜山只不過是喝了杯紅酒、聊聊天，然後睡了一覺罷了。或許是因為那笑得像孩子般的模樣真的很美好，又或許是因為看起來很陌生，那個影片我看了又看。到底是什麼讓我那麼開心呢？

和你待在一起時，我又是嘻嘻哈哈地笑，又是無聲地露出笑容。是你讓我知道，原來笑有這麼多種。臺灣乾拌麵、即興旅行、我的臉、笑的方式。託姐姐的福，最近有好多新發現。

以信傳心

刺蝟

收到信真是讓人悸動又興奮的事。雖然我努力假裝淡定，但其實從你把信遞給我的那瞬間開始，我的心臟就跳得飛快。因為完全無法預測裡面會寫些什麼，也有種微妙的緊張感。打開信紙前的那一刻，怎麼會這麼漫長？

打開信紙後，我就像在考大學入學考試的第一堂國文科那樣「咻咻咻」！以解題的心情迅速又非常專注地閱讀，尋找隱藏在字裡行間的真意。整個讀過一遍之後才終於能喘口氣：「呼！」還好我沒做什麼讓你傷心的事。

然後，我才能以平靜的心情重新讀一次信。信紙一看就知道是用心挑選過的，上面的字句也是你想著我一筆一筆寫下的。我想著你的心意，再次仔細閱讀，有時會用指尖一一滑過紙張上黑色的文字，細細瀏覽。你的心意我一丁點都不想錯過。把信交給我後，你的心情如何？會有作業被檢查的感覺嗎？還是在炫耀考了一百分的考卷？不管是哪種心情，應該都會忐忑地觀察我的反應吧？

其實我察覺到你的視線後，刻意藏起了開心的情緒。實在不好意思讓你看到我笑得傻呼呼的模樣。我說句謝謝後，馬上將信收到包包裡，然後假裝淡然地度過一天。但其實，真正的信件往來現在才開始。下班後，我會在地鐵上重新拿出來讀，回到家在我的房間裡又讀，隔天上班路上再讀，需要你真誠的愛與支持時，我隨時會拿出來讀——當我覺得自己變得非常渺小時，覺得人生沒有意義時，被憂鬱的情緒籠罩時。在這些時候，你寫給我的信比任何處方箋都更有效。

因為在信件中，滿滿都是那個時期的我們嘛！就像是把流逝的時間撈一些起來裝進去那樣。那時那刻的我們能被保存下來，我真的很開心。你把你的真心、痛苦和煩惱都寫進信裡傳遞給我吧！我也會假裝不經意地，將溫暖的愛傳給你。

老師，傳這則訊息是想謝謝你今天在各方面照顧我、教導我很多！今天是第一天上班，雖然表面看不出來（？），其實我超級緊張的。不過，老師讓我覺得氣氛很輕鬆，工作還一邊燦笑著回答我的問題，我才能很快放鬆下來，用愉快的心情工作！希望以後也能像今天這樣開心地工作～！下班路上應該很疲憊吧，希望老師趕快回到家好好休息，祝週末愉快：）❤

@_2

你原本的夢想是什麼？

代蘭

所謂「美麗的體重」

我今天早上真的嚇傻了。早上九點前要上班，但我睜開眼睛時已經八點了。就算馬上起床，準備時間也很趕，但我的神志還漂流在其他地方。雖然是約聘員工，但到十一月之前還是要通勤上下班，一想到這種疲憊的早晨還要持續好幾個月就很想哭。不過我今天得先活下來，於是我開始洗漱。早餐就跳過不吃了。因為今天也必須站到名為體重機的審判臺上。

我站在審判臺上時呈現超緊張狀態，彷彿化身為跳水選手，將所有注意力放到腳尖上，專心地看著體重機上的數字。我瞇著眼睛看向腳趾之間的數字。五十五點六公斤！怎麼會這樣？竟然比昨天多了零點七公斤！是因為我昨天太晚才吃冷麵嗎？還是因為喝咖啡時配了兩塊費南雪？啊，難道是我晚上運動後，過了幾個小時就長出帥氣的肌肉，體重才增加了嗎？哈哈，不太可能吧！為什麼我會有種自己本身就是問題的感覺？

幾個月前我才四十六公斤，這是我每個月持續減一、兩公斤換來的成果。每天至少走兩萬步，就算有出門運動，回家後還是會額外做居家訓練。如果問我對當時的生活是否滿意，我能篤定地回答：「不滿意。」因為不管減了多少公斤我都覺得不夠。除非聽到別人說：「你太瘦了，要長胖點！」才會覺得開心。

不過那份喜悅也相當短暫，它就如同微風吹過般消散不見，改由空虛填滿那個空間。別人的評價、體重機上變少的數字，只留下患得患失的瞬間。在吃東西前計算熱量；坐在廁所的馬桶上，幻想用手刀切除變粗的大腿；無論季節、優先購入長度能遮住臀部的上衣等。

上週我在家裡看綜藝節目，一起看電視的奶奶咂嘴說：「哎呦，她那麼胖該怎麼辦啊？」

我聽了氣得反駁：「奶奶，你那樣講不對，不可以那樣說。」

其實是我心虛了。因為在奶奶說出口之前，我正那麼想。「我還沒有那麼胖。看看那個人的大腿，她應該很難找到合身的褲子吧！」就是這類的想法，沒有惡意。只不過這想法產生得太自然，讓我心生厭惡。而且箭頭馬上就指向我自己：「先看看你自己的大腿吧！看看你長出來的肉，有夠討厭的。」我一邊這麼想，一邊收緊大腿藏到被子底下去。

雖然已經是很久以前的話題，但在網路社群上「1XX公分、XX公斤算胖嗎？」的文章還是多到不行。不曉得是不是因為這樣，時間過得越久，我對女性的身體就有越多想法。也就是關於受到媒體傳播助長，被媒體拿來消費的女性身體。沒有哪一個身體是不受任何批評的，或瘦或胖都會被拿來評價。她這邊這樣，那邊那樣……

實在令人作嘔又厭煩。不過，我最討厭的或許是一邊批判這種無止境評論身材的社會氛圍，卻又無法不減肥的自己。

雖然我跟正在減肥的朋友說：「你這樣算瘦的，哪需要減肥？要照顧好身體健康。」同時又暗中比較朋友和自己的身材。不管是比我瘦還是比我胖，我都會跟對方說：「你再胖一點也沒關係！」卻對自己非常嚴格。都說人的欲望沒有盡頭，不曉得是不是在形容這種狀態。我可能一輩子都不會滿意自己的體重。愛自己原本的樣子為什麼這麼難？四十六公斤的我和五十六公斤的我，都一樣是我啊！

我有時依然會搜尋消脂針要多少錢，也會故意買小一個尺寸的褲子，想著一定要減肥。遇到跟朋友一起大吃大喝的日子，只要回到家就會立刻跑去量體重。絕望和自卑之間的拉扯讓我相當痛苦。

姐姐也曾經因為身材而感到絕望嗎？如果能自然地接受並愛自己原本的模樣，該有多好？

二十歲的頸紋

刺蝟

讀了你的信後，我反省了很多。我一直都羨慕你很瘦，卻忽略了隱藏在背後的壓力，只看我想看的，同時又慶幸原來不只我有這樣的想法，真的很糟糕吧。

不曉得是幸還是不幸，我對外貌不怎麼在意，但還是有其他類似的社會壓力加諸在我身上：「不打扮的女人沒有女人味」「女孩子應該要把頭髮留長，要化妝、穿裙子、交男朋友才對啊！」這些戲碼太過老套，我現在聽了都會打哈欠。不過我並非對外貌完全沒有自卑感，尤其在意的地方就是頸紋！每次照鏡子看見畫過脖子的這些橫條紋，都覺得很心煩。

以前有一個叫《真實遊戲》的綜藝節目，不曉得你知不知道？已經是十年前的節目了，當時還滿紅的。節目會找來一些外貌長得像男性的人，讓大家猜這些人當中誰是真正的女人，差不多就是這種風格。你大概知道我要說什麼了吧？節目內容是在分辨特定主題的真假，但他們選用的題材經常讓我覺得不舒服，像是找出真正的跨性別者、找出真正的整容美人等。

其中有一集我印象非常深刻，到現在都還記得。那就是請來一群童顏的人，讓大家從中找出真正的女大學生。只有一個人是真正的女大學生，其他都是外表看起來很年輕的人。有一個來賓在節目中說：

「就算臉蛋能隱藏年紀，頸紋也藏不住。」

雖然現在已經不記得節目的全部細節，但「頸紋」這個詞彙強烈地烙印在我的腦海中。聽到那句話之前，我覺得人有頸紋是理所當然的事。怎麼可能沒有頸紋？

在對年幼女性賦予高價值的社會氛圍中，我一直很慶幸自己是童顏，現在頸紋卻突然成了絆腳石。如果沒辦法解決這個問題，童顏不就失效了嗎？就算沒辦法隱藏真正的年紀，我還是希望自己盡可能看起來年輕一些，希望自己的童顏能長久地發揮作用……

當我聽說頸紋是來自於錯誤的姿勢後，便埋怨起自己。出於想要「修復」的心情，我還在網路上搜尋去除頸紋的手術。不過查出來的結果卻是頸部的皮膚太薄，目前還很難去除皺紋。等技術發達後，是不是就能輕鬆地去掉了？我把遺憾的心情拋到腦後並關掉了網頁。那時我二十歲。

現在別人說我是童顏，我也不再覺得是稱讚了。就算真有能去除頸紋的手術，我也不打算做。不過，我依然會去注意別人的脖子。聽說頸紋就像年齡，是真的嗎？啊啊，我現在在想什麼！如果不趕快打起精神，頸紋就會把我給掐死。我對這樣的自己很失望，有時甚至很生氣。我要被這頸紋的幽魂控制到什麼時候！給我退散！我真的很想拿大蒜和十字架來驅魔。

面對頸紋這個議題，我的頭腦和內心似乎各想各的，於是我不久之前鼓起勇氣對朋友吐露這一切。

「我的頸紋是不是非常顯眼？我好在意。」

結果朋友說：「根本沒有人在意，是你太敏感了。」對耶，其他人根本完全沒在關注，是我過度意識它才覺得很嚴重。哪有人會去在意別人的頸紋是三條還是五條？很謝謝朋友回應了我的擔憂，唉……但煩惱還是沒有消失。我難道是被皺紋的幽靈附身了嗎？

或許錯就錯在我自尊感太低，太在意別人的眼光根本是自己捏造出不存在的他人的視線，自己給自己痛苦嘛！這不是情緒上的自我虐待是什麼？從我開始在意頸紋的那瞬間起，自己彷彿變成了更糟糕的樣子。但這真的是我的錯嗎？我今天在上網時也有看到「婚紗的亮點在於脖子」的廣告文案，大大方方地販售「改善頸紋的超效美頸霜」產品。這些商品一而再再而三地讓我變成不完美的存在，女性的身體是不是一開始就注定要按照部位分別管理？

幸好我是童顏。

雖然長胖了，但幸好我的腿很長。

幸好我的皮膚很好。

幸好我的腳很小。
幸好我有雙眼皮。
幸好我的臉很小。
這許多的「幸好」，到底是踩在誰身上說的呢？

代蘭

我今天沒穿胸罩喔～

最近我的上班路步伐相當輕盈。從皮膚在短袖底下感受到的空氣開始就不太一樣。鼻子深吸一口氣時，會有種沁涼的氣息在肺部流竄的感覺。好清爽啊！

今天我沒穿胸罩，所以似乎更容易感受到季節，心情也更輕鬆。當然，我還是會擔心露出乳頭的形狀，目前的我依然覺得露出乳頭的形狀很丟臉，就算穿了深色衣服也是。

但後來又覺得：「我為什麼要在意別人？胸部每個人都有啊！」於是再次挺起了胸膛。作為女性，好像每時每刻都在跟看不見的視線戰鬥，不過我似乎已經養成能不介意他人眼光，光明正大展現自己身體部位的態度了。

我在國小五年級時第一次穿上胸罩，小時候發育比較慢，到了青春期胸部還是平平的。男生會用手背拍拍胸口，對胸部小的女生說：「你哪一面是正面啊？」當時我反而怪罪生下自己的媽媽和爸爸：「我為什麼要被別人這樣說？我的胸部為什麼這麼小？」

我好羨慕朋友們隆起的胸部線條。那時我非常篤定唯有胸罩的胸墊才能掩蓋我的缺陷，於是拉著媽媽跑去賣場。我終於踏入之前只能經過的內衣專櫃了！我的目光立刻就被各式各樣的設計和尺寸吸引。媽媽也覺得這樣的我很可愛。

「我的女兒都成淑女了呢！」她這麼說時，我忍不住把胸部挺得更前面。

煩惱許久後，我購入的內衣是帶有鋼圈、用白色蝴蝶結和蕾絲裝飾的粉色內衣。我忽視店員的建議，鬧脾氣堅持要買大一號，因為這樣小胸部才能看起來更大一點。那天晚上，我一想到要穿著新買的胸罩去學校就很興奮。看來我非常想要在條件差不多的同儕之間變得顯眼。

隔天早上，我第一次穿上胸罩，雖然很漂亮卻不太舒服。鋼圈勒緊肋骨，身體彎曲的角度一不對就會被刺到，再加上蕾絲毛毛的，胸部旁邊沒多久就紅成一片。而且我穿的尺寸太大不合身，所以胸罩會移位，或是把衣服捲進罩杯裡。年幼的我當時覺得，如果想看起來漂亮，這也是沒辦法的事。

我在上學路上刻意挺直腰桿走路。每跨出一步都能看見胸罩在薄薄T恤上透出的線條，心情相當微妙。比平常還隆起的胸部線條讓我產生了自信。然而走入校門，進到教室開始上課後，什麼事都沒有發生。我並沒有因為胸部變大就一夕之間人氣高漲，或是被人告白。

不是有句俗話說，事情都會在你掉以輕心的時候發生嗎？那是在午餐時間，當天的學餐有我喜歡的雞蛋卷，當我正開心地咬下去時，坐在隔壁區的男生冷不防地開口：

「你墊胸墊了啊？」

他嘻鬧的笑聲引起同學注意，大家都聚焦在我身上，我把咬了一口的雞蛋卷重新放下。

……

二〇一〇年衛生福利部在國家健康資訊官網上傳了一篇官方文件，標題是「美麗的胸部」。鎖骨的中心和乳頭之間的距離為十八到二十公分，兩邊乳頭的距離為十八到二十二公分，乳暈的直徑在四公分以內，乳頭的顏色呈淡粉色，且乳頭稍微向上凸起。文件中將這樣的胸部定義成美麗的胸部。這份文件最終上傳時間是二〇一三年，並且一直到二〇一六年八月都可以公開閱覽。

這篇文章當時引起很大爭議，所以現在被刪除了，但是擬定那樣的基準還以文書形式公開，真的讓我很生氣。他們所謂美麗的胸部到底是為誰制定的標準？從形狀到模樣，關於女性的胸部會不會討論太多了？不是還說應該要把胸部遮起來嗎？就算在盛夏的烈陽底下，也要為了遮住胸部而穿胸罩，然後又要為了遮住胸罩而穿背心，最後還要在上面套一件短袖。寒冬時還能安慰自己這樣很溫暖，但夏天呢？就算全都脫光也不覺得涼快。

我一個人氣噗噗的，自行定下了「胸部解放日」。上班時不穿胸罩！超刺激！解放的自由！有經驗的人都懂吧？不過目前我還是會害羞，所以都是安靜地祕密執行。

某天，我莫名鼓起勇氣，突然跟姐姐說：「我今天沒穿胸罩。」當時你沒特別說什麼，只是回應：「唉呦，你幹嘛。」結果隔天，你笑著跟我說：「我今天也沒穿胸罩。」

那瞬間，我再次被姐姐迷倒了！說實話，我根本不敢跟別人說：「我今天沒穿胸罩！你要不要也加入胸部解放日的行列？」但因為是姐姐，我才帶著信心悄悄地說出口，沒想到你真的就這樣一起參與了。覺得欣慰的同時，感謝的心情也一併湧上來。

刺蝟

憤怒的跆拳少女

今天午休時，有人當著我的面說：「你沒有女人味。」是怎樣？我先補充一下當時對話的前後文：主管提出了「女生不能學跆拳道」的主張，並且把從小就是跆拳少女的我當例子來討論。他的意思是女生如果學跆拳道，就會像我這樣沒有女人味。其實他一開始提到跆拳少女時，我就覺得很可笑了。

總之，雖然「你也沒有男人味啊」這句話已經湧上喉頭，但幸好（?）我還是忍了下來，繼續安靜地吃炸醬麵。偏偏炸醬麵又很難吃，搞得我更煩躁了。

再次回想當時的狀況，我似乎還微笑著回應他：「是喔?哈。」我在那種場合居然能忍耐下來、勉強露出笑容，這和主管的言論一樣讓我火大。面無表情明明是我能做到最大的反抗，我竟然還努力做表情管理。實在太習慣隱藏情緒裝沒事了，我偶爾也覺得自己很陌生。連自己的情緒都沒辦法表達的這張臉，到底是誰的臉?

認識女性主義後，在獲得解放的同時也相當痛苦，我現在好像知道為什麼了。對不當遭遇的敏感度日漸提升，但要在現實生活中表達出來又是另一回事!腦中的確知道那是不對的，卻無法採取行動。每當那時，我都會看到懦弱又小家子氣的自己。我經常因為這種疏離感而自責，今天也是，想像中的我一定會反駁，當個掃興的人，現實的我卻不想破壞氣氛，只是乖乖吃著炸醬麵。

更嚴重的問題是，我還企圖去理解那個人。「也對，我確實沒有人們常講的那種女性特質。」我比誰都清楚社會期待的「女人味」是什麼樣子。我是不是該假裝天真，反問：「什麼是女人味啊？」我甚至還覺得自己做得很好，在那種狀況下沒有製造更多「問題」，相安無事地度過。我認為自己「忍過去」了……

現在回想起來真的是一堆問號。我在忍耐什麼？為什麼要忍？因為不想製造問題？一開始的問題是什麼？我為什麼事情都過了才在生氣？以前我失去了多少為自己發聲的機會？雖然今晚大概會因為這件事在腦中盤旋不去而難以入睡，但跟你說了之後，感覺有比較好了。

PS.我睡前滑開手機搜尋「憤怒的女人」，結果最前面的搜尋結果

代蘭

我有肌肉，那又怎樣？

姐姐有聽說過「親切」也會消耗「體力」嗎？害人罹患慢性疲勞的艱辛職場生活，即使吃了非常美味的食物，即使在週末把沒睡的覺都補完，依然忙到病痛纏身。以前就算熬夜寫功課、準備考試，隔天還是能用正常的臉色通勤五小時往返學校。年紀越大，體力越差，神經不自覺繃緊，動不動就因為一點小事發脾氣。

當體力亮起紅燈時，同事建議我去學皮拉提斯。她說自己最近也在練，感覺很好。我聽了之後，一下班就去打聽住家附近的皮拉提斯教室。雖然「減肥」也被默默放入目標中，但主要的重點還是訓練體力、矯正失衡的身體。

想學皮拉提斯，要做什麼準備呢？要買一件廣告上漂亮模特兒穿的那種、稍微露出肚子的上衣嗎？一想到這，我突然一陣反感，腦中瞬間浮現街頭發的那些傳單上，女模特兒苗條的S曲線，身穿露出一截腰部的短上衣，套上緊身褲，雙腿線條俐落又纖細，沒有絲毫贅肉，再加上她們充滿自信的笑容，簡直完美得像一幅畫。

我們的社會對女性的要求，似乎只有「自我管理良好的身材」這一項，也就是說對女性而言，運動的主要目的不在於增加肌肉力量或提升體力。根據「美麗的體重」標準，塑造出偏瘦的苗條身材，才是真正的自我管理。

這種大眾視角實在太無情了！忽視了體型的多樣性和身體問題，企圖制定一個套用於所有人的完美身材框架，打從一開始就是不可能的。我只是想要稍微矯正體態，多愛惜自己一點，卻有種朝社會擬定的美的基準靠近的感覺。

那時我讀了李珍頌作家的書《今天應該要去運動（오늘은 운동하러 가야 하는데）》[3]。我從以前就很喜歡這位作家才華洋溢的文筆，而且這次主題還是討論各式各樣的運動經驗，完全沒有不買的理由！

我讀得相當愉快，甚至捨不得翻到下一個章節。書裡提到的拳擊、瑜伽、游泳、皮拉提斯等經驗談中，可以看到作家誠實的心得感想。其中我印象最深刻的是以下的句子：

「許多運動的焦點都放在『練壯』男人的身體，『修瘦』女人的身材上，這是很難打破的性別隔閡。」

就算做同樣的運動，人們對女性和男性的態度也不太一樣。聽到女性運動時，大部分人的反應都是：「你要減肥嗎？你在瘦身嗎？」聽到男性運動時，明明都是說：「好帥喔！」哼……

於是我花了好幾天搜尋皮拉提斯的學習心得和效果。出乎意料的是，結果跟我預想的不同。許多女性比起「打造身材」，更想將焦點放在「恢復自己的身體」上，我這才稍微鼓起了勇氣。原來有越來越多女性是為了愛自己原本的模樣、為了擁有更好的體力才運動的。

托她們的福，我也報名了皮拉提斯課程。雖然目前為止都很努力在學，但我的身體依然像冬天泡在鯷魚高湯裡的魚板。熟悉自己身體

3. 編按：本書中提及的參考書目，若未於臺灣出版，將保留原文書名。書名與作家名均為暫譯。

的過程真的好困難，在運動時看著動作不俐落的身體，我不斷反覆對自己說：「這是慢慢認識自己的過程。」並且心懷期待：「我也有一點一點地在改變吧？」

但有的時候，還是會突然冒出一些念頭，讓我的內心、我的身體變得軟爛。若要說那是什麼想法，就是動作明明跟得好好的，我卻突然想到，要是小腿變粗怎麼辦？大腿如果變壯怎麼辦？肩膀會不會變寬啊？就是這些念頭。

同時我又與鏡子中的自己對視。我看見了矯正後的直角肩線，還有手臂上方稍微凸起的肌肉。我已經運動三年了，似乎改變滿多的呢！用力時，還可以看到大腿前側結實的肌肉。嗯，我要取消剛剛說過的話，我的肌肉很好看耶！

PS.姐姐也非常需要運動！你知道我不是在嘮叨吧，我只是想跟你一起運動，一起變健康，兩個人可以長長久久當朋友。

刺蝟

一個女人去印度旅行

你有看到今天的新聞嗎？又發現新冠病毒的新變異株了，疫情到底會持續到什麼時候？這種看不見期限的痛苦實在太累人了。以前新的一年一開始，我就會在月曆上確認公休日，煩惱該怎麼請假才能出門多旅行一天。原本還能享受這種樂趣，現在連單純的外出都必須小心，還談什麼旅行呢。

將旅行當作日常逃出口的人，不知道最近都怎麼過日子？什麼時候可以再自由地到處旅行？我在陌生的旅行地時眼神有多麼燦爛，大概只有照片記得了吧。照片中一副邋遢模樣、卻露出燦爛笑容的我，看起來真的好幸福。你問我那是去哪裡拍的？照片中的背景就是印度。

之所以選擇去印度旅行，並沒有什麼特別原因。只不過剛好時間充裕、旅費拮据罷了。那時我壓低帽沿走在路上，突然看到自己映照在商店玻璃窗上的模樣，瞬間心想：「啊，該去旅行了。」於是立刻買了機票。

如果你還是要追問我到底為什麼要去印度，是因為我經常聽別人說，印度是一個魅力豐富的旅行地。簡單來講，就是想去看看。這就是全部的原因，真的沒什麼特別的理由，講出來都有點尷尬。

獨自去旅行，意味著這段時間的一切都是由我來作選擇，由我來負起責任。如果那是一個完全無法預測的地方就更是如此了。人們都說印度是背包客的終極考驗地，這話真的沒有在誇張。

從抵達機場的那一刻起，「印度生存記」就正式展開。這時候必須像一個回故鄉的人那樣從容自在，最重要的要快速脫離機場！在從機場前往帕哈甘吉（又被稱作背包客區）的計程車上也不能放鬆警戒。因為當你將事先預約好的旅店地址秀給司機看時，他可能會說那個區域被封鎖了，或說那間旅店關門了，然後把你載到其他地方去。

如果在韓國，大概會對這種詐騙手法嗤之以鼻，但身處陌生城市時，狀況就不太一樣了嘛！實在聽過太多剛抵達印度的旅行者被千奇百怪的狀況嚇得魂飛魄散的故事，所以我也繃緊神經，因為在這裡，能保護我的只有我自己。

我對所有靠近的人保持警戒，直到凌晨三點才好不容易抵達旅店。啊，現在可以稍微休息了吧？才怪！旅店名稱只有「旅店」兩個字的旅店跟我說預約沒有成功。

我用短短的英文句子反覆強調：「我預約了。」

旅店的員工還是一再回覆：「沒有你的名字。」

我們就這樣上演了一場情境喜劇，爭執了好一陣子才終於達成共識——我先支付一個晚上的費用，等到上午他會再向其他員工重新確認。如果確定有預約成功，會再退還我現在支付的這一晚的費用。為了以防萬一，我要求他將上述內容寫在紙上，但是他當然不接受。

這還不過只是開始。唉，我會不會講太多讓人擔心的事了？別太擔心！人類的適應能力很強嘛！原先對所有人都心懷警戒的我，也逐漸適應了印度（當然，放鬆時更要小心）。我學會了討價還價，不過有時候明明知道，還是會稍微讓人敲我竹槓，也曾經待在火車上整整二十四小時。我在韓國逛個街都扭扭捏捏的，現在卻為了在印度市中心搭人力車而和車伕殺價。你能想像嗎？

因為旅行者腹瀉而徹夜占領廁所馬桶的某一天，我還在手機備忘錄裡寫下：「在這種狀況下我非但不擔心，還笑出來了，該不會是發瘋了吧？」在陌生環境中遭遇各種辛苦還是努力去適應，這樣的自己真是又好笑又可愛。另一方面，我想自己或許就是因為這樣才喜歡旅行。在陌生環境中發現自己的另一個面貌，感覺挺不錯的。

啊！對了，在印度遇到的韓國旅人也讓我印象深刻。尤其是遇到獨自旅行的女人時，真的很開心。因為我非常清楚大眾對「一個女人去印度旅行」這九個字投以什麼樣的眼光。

我遇到一個姐姐，靠打工存到旅費後，每次來印度都會待上幾個月，也遇到一個妹妹背著比自己高大的背包在環遊世界；還有個剃了

頭髮、年齡與我相仿的旅人，跟我分享了她與藏傳僧侶之間的對話；另外有一個身穿印度傳統服飾——紗麗、五十多歲的姐姐，說回韓國後，要把在印度的感受寫成詩集出版（後來那個姐姐將她看著瓦拉納西的恆河火葬場寫下的詩編撰成冊，出版了詩集《青色火葬（푸른 화형식）》。

雖然我運氣很好，遇到許多好人，但我並不會輕易向他人推薦獨自到印度旅行。因為就算我平安歸來，也不代表那裡對所有人來說都很安全。只不過，我希望大家不要因為過度擔心而畏畏縮縮的。

本人想去的旅行地就是最棒的旅行地，也可以在其他國家累積充分的旅行經驗後，再到印度旅行。我事先也不知道之前在非洲受苦的旅行經驗能在印度發揮效用。至於我在衣索比亞弄了顆雷鬼頭回來的故事，見面再跟你說，那個真的也很有趣喔！

代蘭

未來夢想是賢妻良母

我昨天在床上躺下後，突然好奇起姐姐的夢想是什麼。我總是把「要送姐姐進國會」當作口頭禪掛在嘴邊嘛！每當我這麼說時，你都會露出得意的表情，看起來真的很棒。所以我很想問，你小時候的夢想是什麼呢？我是當個賢妻良母。很搞笑吧！現在雖然還不太成熟，但我現在的夢想，卻是不婚的生活。

小時候從學校回家後，迎接我的總是寂寞與寧靜。或許是因為還小，我怎麼樣都無法習慣自己一個人，總是感到陌生又恐懼。我們家是雙薪家庭，媽、爸都要到晚餐時間、或比晚餐時間再更晚一點才會回家。空蕩蕩的家裡很冷清，我不喜歡，所以我每次都一放下書包，就跑去朋友聚集的遊樂場。跟朋友一起玩到晚餐時間，朋友的家人就會陸續來把他們牽回家。該怎麼形容我當時的心情呢？我實在不想變成最後一個留在那裡的人。等所有朋友都回家後，我才會邁開步伐往家裡走去。

雖然我很想念家人的懷抱，但真的跟家人待在一起時，我又總是很緊繃。媽媽和爸爸經常吵架，家裡對我來說不是一個很安心的空間。越是如此，我越想在自己建立的家庭中感受到安全感和歸屬感，於是我的夢想就變成當個賢妻良母。

然而，跟我的未來夢想不同的是，我上小學時動不動就跟同齡的男生吵架，因為我沒辦法對男生的惡作劇一笑置之。男生常起哄鬧我：「哪有女生這樣？」「有誰會想娶你啊？」這些言語一點一點地積累在我年幼的心裡。

有時候我很羨慕受歡迎的同學。就是那種皮膚白皙、會彈鋼琴、面對男生的玩笑也能從容地輕笑帶過的人。我一直守著成為賢妻良母的夢想，甚至嚮往成為跟自己不同的孩子，但這個夢想在某個瞬間嘩啦啦地垮掉了。現在回想起來真是萬幸（笑）。

某一天發生了一件事。有個男生一直盯著他前座女生的後背，然後跟其他男生竊竊私語。我納悶女生背上是黏了蟲子還是什麼了嗎？也在一旁留心觀察，但我看到的只有燙得很平整的襯衫。就在我歪頭不解時，男生把手朝襯衫一伸，用力拉扯了內衣的肩帶。女生非常慌張，覺得不舒服又丟臉，整張臉都紅了。她緊咬下唇、害羞得低下頭。

我看到她的模樣，氣到雙眼發紅。直接走到那個男生旁邊，「啪！」用力往他背上打下去。接著我們就扭打成一團。

我和那個男生被叫到教務處去，我的奶奶也被找來。在頭痛的老師和滿臉為難的奶奶面前，我緊閉著嘴。

那個男生一臉無所謂地說：「我只是在開玩笑。」

大人們還順著那句話補了一句：「是因為喜歡才會那樣啦！」替他那個開玩笑的說詞添了幾分可信度。「開玩笑」聽起來已經很討厭了，竟然還把「喜歡」當作藉口。

連向來都站在我這邊的奶奶也在帶我回家的路上跟我說：「那個年紀的男生都是那樣。」

後來，我變得更愛跟人吵架，因為我想證明那既不是「玩笑」也不是「喜歡」。就算是比我高很多、塊頭比我大的人，只要他們開那種玩笑，我都不想認輸。「黑道老婆」這個綽號對我來說就像勳章一樣。偶爾打輸時我會哭，雖然挨打的地方也很痛，但更多是因為生氣。不曉得那時哪來的勇氣，我好像只是不想掩飾自己不舒服的情緒。

就這樣，原本夢想當賢妻良母的少女，成長為一個女性主義者。我不會再為了討好他人而努力了。所謂的家和家庭，就是我生活的地方啊！為了餵飽自己，讓自己穿暖，不忽略自己珍視的事物，我得打起精神才行。

雖然小時候的夢想消失了，但在那個位置上又進駐了新的夢想。我不想成為某個人的妻子或媽媽，而是想單純作為自己活下去。為了不忘記自己的名字，我會繼續努力的。

我也想成為帥氣的姐姐

刺蝟

「我好害怕進入三十歲。」

我曾經將這個煩惱說給三十幾歲的姐姐們聽，你知道當時那些姐姐們是怎麼回答我的嗎？

「我們覺得三十幾歲的現在更好誒！甚至還很期待四十歲的時候。」

什麼啊，居然說這種謊？當時我以為她們是在否認現實（姐姐們對不起），完全沒把那些話當真。

但很神奇的是，等我進入三十歲後就明白了——姐姐們說的是真的！

我現在依然和那些姐姐們相處得很好，她們都是很帥氣的人。嗯，簡單介紹一下，其中一個姐姐專攻宗教學，後來在三十五歲時學了程式編碼，現在是一名程式設計師，每天都很忙碌；另一名姐姐夢想當木匠，現在在建築工地工作，並且為了未來的夢想準備考研究所；還有一個我本來以為是無業遊民的姐姐，興趣是作曲，目前已經成為擠進音樂排行榜的音樂人；最後一個姐姐在喝酒的場合依然努力在背阿拉伯語，她現在正逐漸成為中東地區的專家。

看到她們默默走上自己想走的道路，我不知不覺學習了許多。總覺得每個人生活的樣貌都不同，我也因此更加珍惜自己的生活。希望有朝一日能把她們介紹給你認識。認識這一群帥氣的姐姐，心裡真的會很踏實。

我最近在參加女性主義的讀書會，理所當然地（？）認為參與的成員應該都和我年紀相仿。結果沒想到參與的人當中，還有在我出生前就投身女性主義活動的姐姐。甚至我們那天讀的書還是《初次認識女性主義（Full Frontal Feminism）》。

儘管前輩女性主義者和年輕女性主義者對彼此的存在表露了熱切的希望，卻同時對中間少了橋樑的角色而惋惜地搖頭。當時我問：「前輩以後是不是要把位置讓給年輕人了？」結果她們說沒辦法就這樣放下，應該要解決原先就有的問題才能前進，光是世代交替是沒有意義的。

姐姐們本來就這麼帥嗎？

比起自己走過的路，她們想指引一條更好走的路，光是姐姐們的這份心意，就不知道讓我感到多麼可靠。最重要的是，我很喜歡聽姐姐們說故事。她們看似不經意說出口的人生建言，在不知不覺中守護著我。認識姐姐，或許就意味著我有靠山了吧！我也能對從我身後走過來的女性說出這樣的話嗎？我也能成為某個人眼中帥氣的姐姐嗎？真希望可以！真的！

代蘭

奶奶的靠山就是我

為什麼聽你說認識的姐姐們的故事，會讓我想起我的奶奶呢？所以我今天打算聊聊我奶奶，聊聊除了我，沒有人會記錄下來的那些故事。

我奶奶出生在一九四四年，真的吃了非常多苦。她小時候沒辦法去上學，而且聽說不管是下雨還是下雪，都得下田工作。明明弟弟們都去上學了。「我們家沒辦法讓三個孩子都受教育。」媽媽、爸爸的話就這樣一輩子在奶奶心中留下深深的傷口。因為家境拮据雖然是事實，但那句話背後還隱藏了另一個事實，那就是女孩沒辦法去上學。

然而，奶奶對學習的渴望並沒有消失。田裡的工作結束後，她會跑到學校去，站在走廊上聽講。雖然她沒有能放書的書桌，也沒有能坐下來的椅子，但她依然覺得隔著窗戶聽講非常有趣。後來，奶奶以十二歲的年紀，進入國小就讀一年級。

擁有自己的書桌和椅子時，她興奮得難以言喻！奶奶說那種感覺就像胸口有一顆氣球肆意地在膨脹一樣。第一次學韓文字那天，她回家後將字母反覆抄寫了數十遍。第一次寫出自己名字的那一天，她還號啕大哭了。

雖然她早上要去田裡工作，下午才能去上課，但那段時間對奶奶來說，大概是活得最像自己的一段時光。當農事變得繁忙時，她連下午都不能去上課。就這樣兜兜轉轉，奶奶的位置終究還是回到了廚房和農田。她的生活脫離不了家，畢竟對當時的女性來說，要選擇婚姻之外的生活是非常非常困難的。小時候在家裡學做家事，到了一定年紀就被推出去結婚，懷孕生產後養育小孩。在那時，這就是最正確的人生。

奶奶也這樣結了婚，生下四個女兒。奶奶說，在重男輕女的觀念根深柢固的時代，只生下四個女兒的她活得就像是個罪人。生下最小的阿姨時，奶奶還被爺爺罵說只會生沒用處的女兒。奶奶清楚記得爺爺當時咂嘴直罵，說家裡生活條件本來就不好，還一直增加吃飯的嘴巴。

奶奶聽到那些話後，在生產完身體尚未恢復的狀況下就又出門工作了。當然，即使她那麼做，也沒有人認可她的付出。奶奶反而要代替沒在賺錢的爺爺，每天都去工作。那時吃苦的痕跡至今仍源源本本地殘留在奶奶身上。偶爾幫奶奶搓背時，都可以看見之前動手術的疤痕，對我來說，那就像是犧牲的殘渣。我會撫摸奶奶瘦瘦的後背上凸起的傷痕，然後將溫熱的水淋上去。希望能洗淨奶奶一切的痛苦、悲傷和過去。

有時候，我會對奶奶走過的這一生特別有感觸。像是偶爾和奶奶一起看電視時，常因電視裡的婆婆說出的各種狗血臺詞，有好幾次嚇一跳的經驗。

「你是在什麼樣的家庭裡長大啊？怎麼連一道菜都做不好？」

「先生在外面辛苦賺錢回來，你卻在家裡舒服的休息，至少要把家事做好吧！家裡都成什麼樣了？」

我看到一半實在忍無可忍，開口說：「最近如果講出這種話，下場會很慘。就是因為這樣，年輕人才不想結婚啊。」
結果奶奶在旁邊插嘴：「就算這樣，孩子也應該由媽媽來養啊！而且那個女人有點自私。」
即使我很愛奶奶，這種話依然在我心裡刮出傷痕。我很想追問奶奶，如果我處在那種狀況下，她是不是也會說出那種話？但最後還是忍了下來，只是悄悄離開那個位置，逃回房間。我有時也會想，看電視是奶奶唯一的樂趣，要不要乾脆咬牙附和她一下？然而對某些人來說，那不是電視劇而是現實生活啊！我怎麼有辦法笑著看那個場景呢？我揣想著寄人籬下的感覺躺在床上時，房門悄悄地打開了。
「小傢伙，出來吃飯吧。」
聽到奶奶的呼喚，我走向廚房，卻在心情尚未整頓好的狀態下提起湯匙，機械式地輪流將飯和湯吞進肚子裡。

「剛剛對不起，我不太懂才會那樣說。我希望你想做什麼就去做什麼。」

聽到奶奶那麼說，讓我吞下去的那一大口飯好像都積在了胸口。是啊，姐姐。奶奶是我的靠山，我卻像個傻子似的忘了。

「碗我來洗。」這次換我開口了，但語氣還是有點生硬。

我一邊把碗盤疊起來、沖掉食物殘渣，一邊思考。人應該沒辦法一步就跨越五十年的歲月吧。有多愛就有多討厭，有多討厭就有多愛，結果反而不知所措，這種時刻真的不計其數，也會有彼此因為不理解而單方面地造成傷害的時候。不過，我們很快又會好起來的吧？我們會不斷碰撞、交流，以此來克服昔日的歲月。

奶奶和我，會成為彼此的靠山。

刺蝟

愛亂説話的黑歷史

「剪頭髮了？」

不久之前，棉花糖姐姐突然頂著一個大光頭來參加聚會，但沒有任何人問她這項改變。大家都不好奇嗎？她為什麼剃頭髮？有什麼契機嗎？身邊的人有什麼反應？為什麼我會好奇這些？是因為我知道大家會怎麼看待剃掉頭髮的女性嗎？

其他人都沒有提到這個話題，所以最後我還是忍不住好奇心：

「身邊沒有人說什麼嗎？」我以好奇心為藉口，問了這個社會會問的問題。

其實我以前也向棉花糖姐姐問過丟臉的問題，那是我的另一個黑歷史。剛認識彼此時，我得知那個姐姐是女性主義運動人士時，脫口便問：「聽說女性主義可以賺錢？」因為我很想知道網路上流傳的部分言論是否屬實。

當時姐姐的回答我到現在都還記得很清楚，她完全沒有表現出任何不愉快的樣子，反而笑著回答我，說至少自己沒有因此賺到錢。她還補充，最重要的是，要是女性主義能賺錢，意味著女性因此掌握了經濟權。她表示，如果再貪心一點，她還想藉女性主義來批判資本主義。聽到姐姐的回答後，我突然覺得很丟臉，所以趕快轉移了話題。我那時才清醒過來。

後來過了好幾天，我還是很在意那件事，便鼓起勇氣傳了訊息，跟姐姐說我上次聚會表現得太沒有禮貌了，對她很抱歉。

姐姐卻反問：「哪部分沒有禮貌？為什麼跟我道歉？」

直覺上來說是因為我心裡不舒服，但為什麼不舒服？是哪個部分沒禮貌？是因為我提了韓國人很敏感的金錢話題，還是因為把女性主義和資本主義扯在一起？又或是不經過大腦地就把網路上流傳的言論脫口而出？其實我原本就知道那個問題帶有惡意，不是嗎？

我有許多黑歷史，但這件事我印象特別深刻。之前我一直覺得自己有在反抗不合理的社會認知和文化，然而說不定我只是陶醉於自己假裝客觀、假裝有理想、假裝中立地發表言論的形象罷了。我忽略了自己一開始就是站在傾斜的運動場上望出去的。

我不想只把黑歷史看作黑歷史。雖然我依然會一再地犯錯並跌倒，但我不會因為怕跌倒就逃避。不懂就去問、去學習，只要有意願傾聽對方的意見，我們就能往前走。

PS. 對了，你不是說偶爾會帶奶奶去我們一起去過的餐廳嗎？雖然那裡的口味不見得合奶奶的胃口，但你們一起吃義大利麵、拍大頭貼的模樣一定很溫馨。

沒有人關心過奶奶的人生故事，你卻以這麼溫暖的眼光注視著她。都說兒女再孝順也比不上父母對兒女的愛，但我覺得你和奶奶是彼此的真愛。

代蘭

你已經是足夠帥氣的大人！

姐姐，關於我們來往的信件，我最近想了很多。閃爍的游標似乎在刺痛著我的胸口，而不是空白的螢幕。聽到我們的信件可能出版成書的消息，我還沒開心多久，就開始擔心了起來。和其他人一樣，我這輩子也是第一次，所以當「我可以這麼做嗎」的恐懼感湧上心頭時，我只想躲起來。

於是這封信寫得有些晚了。我這週什麼事都沒做，只是一直看

書。讀作家元島的《總之，姐姐（아무튼，언니）》，也就是姐姐送我的第一個禮物。只要翻開這本書，我焦躁的內心就會變得平靜，甚至笑出聲來。因為你的鬼點子很多，所以總是會用意想不到的方式逗我笑，我就像是在想隱藏的內心上湧出了笑容。

還記得嗎？你送我這本書的那天，你給了我一個包裝得很美的禮物。我完全不曉得內容物是什麼，滿心歡喜地回家拆開禮物，結果看見一個ipad的盒子。雖然我知道姐姐出手大方，但這禮物也太大了吧！當時我感到很慌張，所以沒有繼續拆禮物，一心想著要把禮物還回去，就那樣把拆了一半的禮物放在桌上。沒想到隔天一看，卻不見盒子的蹤影。

原來奶奶以為那個是餅乾，冰到冰箱裡去了（天啊！）。我對奶奶發了頓脾氣後，把東西從冰箱裡拿了出來。電子產品可以冰到冰箱嗎？我怕東西會故障，擔心地打開了盒子，結果裡面竟然放了一本書。

我在鬆一口氣的同時也嚇了一跳，愣在原地，但過沒多久又爆笑出來，一邊在心裡感嘆：「怎麼會有這樣的人？」於是那本書就占據了我書桌的一角，經常將我逗笑。

我會獨自在連蟲子都入睡的寧靜清晨，慢慢在書中探險，一邊看著作者建構出來的世界以及編織緊密的關係圖，一邊閱讀下去。凡事都要計畫的作者，和「不計畫就是計畫」的希貝爾姐姐一起去旅行的故事最有趣了。

作者聽希貝爾姐姐的建議，放下對計畫的執著，動身出門旅行，甚至連ＳＩＭ卡都沒有辦，只能在福岡機場拿著一支用不了的智慧型手機等希貝爾姐姐。後來她逐漸變得從容，終於能用笑臉迎接希貝爾姐姐。

其實她們的旅行沒什麼特別的，就只是一起漫無目的地行走、吃喝、笑鬧。但讀到那一頁時，我莫名其妙地流下了淚水。「一起」這個詞彙真是奇妙。兩個非常習慣獨處的人聚在一起，居然平衡成了相似的溫度。

明年大概這個時候，我想跟你一起去峇厘島。如果問我為什麼要選峇厘島？我的回答就跟你去印度時一樣——沒有特別的理由。

其實，不是峇厘島也無妨，跟姐姐一起去，才是這趟旅程唯一的計畫和目的。出發前一個月，我們應該會一起找喜歡的旅館、買機票，搜尋很多美食餐廳吧。不過要搭長途飛機，你應該會更辛苦，但我會像之前去釜山時那樣，在飛機裡緊緊握住你的手。雖然抵達之後，應該會是姐姐反過來緊抓著我的手。

我們大概會在街上迷路，很晚才吃晚飯，而且回到旅館後，還會爭先恐後將疲憊的身軀撲到床上。希望我們能看著天花板靜靜躺平，認真聊一些微不足道的小事，然後盡情地大笑。

聽說在這個世界上最難以隱藏的是打噴嚏和愛，我想要多加一項進去，那就是眼淚。認識姐姐，和你相處之後，我再也無法忍住淚水。閱讀你寫給我的信時，淚水總是先嘩啦啦地掉落。每當那時，你都不會視而不見，而是會皺皺鼻頭，跟我說：「過來這邊。」然後用力抱抱我。

姐姐在前面的信件中曾經問過：「我也能成為某個人眼中帥氣的姐姐嗎？」你太傻了吧！幹嘛煩惱這種事呢？你對我來說就已經是帥氣的大人了啊！

我有時候會想，不曉得我是因為生理期快到心情才不好，還是因為別的關係心情不好，只是拿荷爾蒙當藉口……哈哈哈 QQ

原來姐姐今天心情不好啊！不管是因為荷爾蒙還是其他原因，心情不好很正常啊！我的心情每分每秒都在變！

你真的很奇特，哈哈哈哈哈！不是應該先問我為什麼心情不好嗎？

對吼！哈哈哈

@_3

我們會過得很好的！

刺蝟 

同貼文！同規定！

你聽過「同工同酬」嗎？我想再追加一個概念——

同貼文！同規定！遵守吧！遵守吧！

我在這封信中的情緒可能會比較激動，希望你能諒解。因為這件事，我真的連睡到一半都會氣到醒過來。事情經過是這樣的

1. 事件發生前二十四小時

「男人本來就那樣」、「男人不是小孩就是狗。」別再用這種話要求女性單方面去理解男性不成熟的行為。

我從崔智美作家的《決定不再笑（더 이상 웃어주지 않기로 했다）》一書中摘錄了一段內容上傳到帳號。

2. 事件發生前十二小時

這則貼文遭到社群網站強制刪除，理由是涉及「仇恨言論」。是「男人不是小孩就是狗」這句話有問題嗎？雖然對此我有很多想說的，但真正的重頭戲還在後面，所以這部分就先跳過。

3. 事件發生前一小時

我在瀏覽 Instagram 時看見一則網漫，那張圖畫的是手指放入女性性器裡的模樣，於是我立刻按下檢舉按鈕。然而收到的回覆卻是「沒有違反社群守則」。

4. 事件發生前十分鐘

什麼？發那種圖片竟然沒關係？於是我決定將兩個內容放到同一則貼文一起上傳，也就是同時上傳被判定為「仇恨言論」而遭刪除的女性主義書籍摘文，還有被判定沒有違反守則的網漫圖片。如果這次也有問題，那會是什麼原因呢？

5. 事件發生

貼文果然被刪除了，理由是「裸露或性行為」。我剛剛檢舉時說沒有問題，現在卻說那張圖違反守則。好吧，不管理由是什麼，我確實上傳了那種圖，所以無話可說。

但你不覺得有些奇怪嗎？跟女性主義書籍摘文一起上傳的這張圖被強制刪除了，但原版圖片依然好端端的留在那裡！

6. 後來

於是我決定這次要接受粉絲的幫助，凝聚大家的力量。我直接在自己的限時動態分享因為裸露遭到檢舉的網漫原始貼文。結果這次換成限時動態被刪除了。原始貼文明明還在啊！（後來有更多粉絲一起檢舉，那則貼文才終於被刪除。）一定有人惡意檢舉我，但更可笑的是Instagram的處理方式。

這不是雙標什麼是雙標？你也來一起喊吧！同貼文！同規定！

你有看過那種請大家一起幫忙檢舉性交易仲介的貼文嗎？我雖然經常看到，卻無法理解。社群媒體一定有明確的守則，為什麼沒有正常運作呢？一定要等到累積大量檢舉才處理，不是很奇怪嗎？如果違反規範，不管是只有一個檢舉還是有一百個檢舉，都應該要處理才對啊，然而真的親自經歷後才明白，他們所謂的「規定」就跟橡皮筋一樣。

摘自女性主義書籍的文句被判為「仇恨言論」遭到刪除，已經不是一次兩次了。Instagram的檢舉功能並非是你滑手機偶然看到覺得不開心，或單純看不順眼時使用的吧？這才是真正的「仇恨」吧！連個正當理由都沒有，只因為自己討厭就隨便檢舉，而社群官方收到檢舉後就直接刪除。我覺得這些舉動都是仇恨的表現。

其實之前我看到其他女性主義帳號遇到類似狀況時，心裡也已經做好準備，預想自己總有一天也會遇到。在那之後，我每次上傳貼文時都害怕又會被刪除，甚至開始感到畏縮，但現實是即使面臨這樣狀況還是要繼續發聲。這一切都讓我很生氣。女性的聲音總是被刪除、遭到壓制，明明這才是仇恨。

之前你說我是「很神奇的人」，這句話一直在我腦中盤旋。你竟然說我是在無法預期的狀況中依然能沉著應對的人，我有那麼成熟又帥氣嗎？但無論如何，就算當下的發展和計畫不同，我依然會按照自己的信念和方向緩緩向前行，這項事實並沒有改變。

媽媽稱呼這樣的我是「女性主義的主謀」。竟然叫我主謀，感覺好像什麼叛軍或恐怖分子，不過這個暱稱也不錯。就像你之前在信裡寫的那樣。

過去三年，這個帳號不曉得觸及了多少人。當然，我不認為一個帳號就能改變其他人。不過我希望當他們以後在其他地方，再次聽到曾在這個帳號上看過的東西時，會有一些不太一樣的感受。至少希望他們不要因為看不順眼，就隨便按下檢舉的按鈕。

女性的聲音若像這樣持續累積，總有一天會鑿出裂縫吧？現在也出現了小小的裂痕，而且縫隙正在逐漸變寬。我相信，名為歧視的高牆會在未來的某個瞬間瓦解的。

所有女生都懂的惡夢

代蘭

我發現有時候人們比起愛人，似乎花更多力氣在討厭人。你的愛意和辛勞，太輕易地遭人按下檢舉的按鈕而消失不見，我真的非常生氣。

姐姐，有句話說「出淤泥而不染」，意思是「一個人的言行有自己的原則，不會被周遭的壞環境影響」。看你經營帳號的認真態度，都會讓我聯想到這句話。那些人明明不太了解，還費力去討厭別人，但我覺得他們是沒辦法傷害到你的。我們要燃燒心中對那些人的憤怒，讓它昇華成愛。我由衷希望這些事不會變成你的惡夢。

其實，我今天又作那個夢了。每到寒風吹拂的這個時候，我都會想起那些記憶。總以為也差不多該變得模糊了，它卻彷彿在嘲笑我的期待般，不僅忘不掉，還更加鮮明。就像是在狠狠訓斥我想遺忘那些日子似的，送給我一個無法入眠的夜晚。

夢裡的我是國小四年級生。我不喜歡自己一個人待在家裡，總是往外跑。某天，朋友邀我一起滑雪橇。小學和公寓之間的小路有一段很棒的下坡。我們到了那裡後，發現雪已經積成一座小山丘，於是我們避開路中央的通道，開心地在道路兩旁堆起雪來。

我們玩得不亦樂乎，完全沒有注意時間的流逝，後來突然感覺到某個地方有人在看著我們。那道視線相當灼熱，跟會呼出冷空氣的季節很不搭。我眨眨眼睛環顧四周，發現距離我的位置約三百公尺遠的地方站著一個大叔。那個大叔正靜靜注視我們。我有種似曾相識的感覺，於是轉了轉眼球觀察一下四周的狀況。附近非常安靜，只有我和朋友兩個人。

這時，我突然想起奶奶說過的話——盯著別人看太久是不禮貌的行為。所以我吞了口口水後，很吃力地轉過頭，繼續剛剛的遊戲。我們努力地搬雪、堆雪、打好地基，造出一個迷你雪橇場。我抖掉跑進鞋子裡的雪，心裡很好奇那個大叔還在不在。於是我轉過頭，結果發現他還在那裡。剛剛說過我有種似曾相識的感覺吧？沒錯，我想起來了，那個眼神。獅子在灌木叢中壓低肩膀、等待獵物的眼神就是那樣。

我同時還發現了另一件事。大叔不只是盯著我們看而已，他正在做某種行為，而且離我們越來越近。大叔正在自慰，還是在盯著我們看的狀況下。我和朋友在互相對視的那一刻大聲地叫了出來。

我抓住朋友的手開始狂奔。大叔一邊做那件事，還執著地追在我們身後。我好想奶奶，但我沒辦法往家的方向跑。有一種不能洩漏我們家位置的恐懼籠罩心頭，於是我往學校的方向跑。

我緊緊抓著朋友的手，跑了又跑，朋友的手都泛白了。我們跟那個男人的距離漸漸從五十公尺縮短到四十公尺……然後那個男人朝我們伸出手來，就在這個瞬間——

我從夢裡驚醒過來。醒來後的我什麼都做不了，渾身發冷，手腳發麻。這個惡夢總是一樣，只是劇本會稍微換一下。我在夢裡總是很無助。搭地鐵時，在身後持續搓揉著的軟熱衣襟，令人作嘔的手指摩擦過我抓住公車握把的手，這些毛骨悚然的瞬間，我從來不曾忘記。

後來又過了十幾年，我已經是大人了。原以為我已經遠遠逃離了那些記憶，看來並非如此。加害者早就忘得一乾二淨了——不對，他們根本不覺得自己是加害者。那些不舒服又驚悚的記憶，竄入我最脆弱的縫隙，把我的心情搞得一團糟後就逕自跑走。我好想擺脫這些悄聲無息跑進來、把我攪得亂七八糟的記憶。

唉，姐姐，到底該怎麼辦呢？

刺蝟 

世界真的有在變好嗎？

讀你的信時，我的心也跟著揪成一團。我們的生活為什麼這麼辛苦？像在狂風中不停晃動的燭火，掙扎著不被熄滅。雖然很想跟你說，這些燭火匯聚起來後會成為更大的火苗，但我今天的心情也是起起伏伏的，實在很難說出口。不過有一件事情我很肯定，那就是這並非你的錯，你知道的吧？直到你擺脫惡夢、重獲自由的那天，我都會一次又一次地這麼跟你說。

有時候不是會這樣嗎？看到令人氣憤的事件與自己的日常生活格外緊密相連，就會倍感吃力。我今天就是這樣。在地鐵上放空滑手機時看到的一則新聞，在餐廳吃美食時傳進耳中的新聞播報，都可能讓淚水瞬間遮住我的視線。

世界真的有在變好嗎？那種懷疑感彷彿快把我整個人都吞噬了。看到以女性為對象的犯罪新聞每天持續地傾瀉而出，我似乎已經越過生氣的階段，開始感到無助了。

讀著那些用不帶情感的文字撰寫而成的新聞時，我會試著想像那些姓名和面孔都不知道的受害者所經歷的痛苦。只有我會這樣嗎？但就算我這樣做，感受到的痛苦也不及她們的萬分之一，有時甚至連這種感覺都想逃避。對某些人來說，別說是產生共鳴了，他們甚至無法理解。但我能感受到鮮明的恐懼，這有時讓我委屈又鬱悶。當負面情緒籠罩我時，我會拚命想甩掉它們，有時候甚至會覺得這樣的自己很可憐。

為什麼唯獨我特別容易注意到這些事件呢？女性在這個社會的現實處境所要面對的憤怒、挫折、絕望、無助和失落，如果這些情緒我都不曾經歷，現在會變得怎麼樣？好不容易覺得好一點時，忽然有憤怒打開門迎面而來，讓人對這個世界感到厭煩。雖然我還是會去擁抱自己殘破的內心，但這樣的狀況不斷反覆出現。當心裡的憤怒無法化作對世界的呼喊朝外噴發，只能朝向我自己時，我覺得都快要失去活下去的動力了。

交往一週……「性行為被拒很惱怒」四十歲男性殺人（《首爾新聞》二〇二一．七．十二）

有人因為去旅行時，交往的女性拒絕在飯店和他發生性關係，惱怒之下就動手殺人了。居然有很多人認為是該名女性一開始就製造了犯罪的動機——既然都一起去旅行了，男人心裡一定有所期待，怎麼可以拒絕呢？（這種說法真是……）或是說，該名女性一開始就不該跟才交往一週的人出去旅行等。許多人成了二次加害者，但這種留言甚至還會成為熱門留言。看來「沒人性」講的就是這種狀況。

當然還是有很多留言批評犯人的刑責低得離譜。有人說：「如果受害者是法官的女兒還會這樣判嗎？」那種完全無法理解判決結果的心情，我百分之百認同！這些悲嘆是因為最終的刑責與國民的法律感情之間有段差距。然而，他們似乎從一開始就預設自己不會成為受害者。受害者的面孔總是女性啊，否則為什麼要提到毫不相干的法官的

代蘭

我們是運氣好才活了下來

姐姐，你有看這屆的東京奧運嗎？這次不只女子排球的表現出色，選手們在各自的領域展開激烈的競爭，無論勝負都互相擁抱、流下熱淚的樣子，令我印象深刻。如果能將那個場景拍下來留念，我想替它命名為「希望」。以前的女性還因為性別而無法參加奧運呢，聽說這屆奧運的女性參加率達到百分之四十九，是史上最多女子運動項目的一屆。

女人參加奧運？在這樣的想法終於改變，在電視上看見女子排球隊打進四強賽的這天，我們為抗爭付出了多少努力啊！看著這些就覺得，雖然很慢，但世界的確還是有在變化，往後也會繼續改變吧！我相信一定能迎來比現在更好的世界。所以我們都不要灰心，要活得長長久久喔。

如果有人問我是什麼讓人活下去，我會回答是「浪漫」。畢竟有時候，我們的人生比電視劇或電影還要更誇張啊。或許正是因為這樣，我才決心別只看著渾沌的泥沼，而是要欣然地跟著浪漫走。

我是浪漫主義者，浪漫是現實的替代品，是我的避風港。當我沒有能在別人面前說出口的夢想，只是虛度光陰時，支撐我的是那些站在舞臺上的偶像。我很羨慕他們充滿熱情的模樣，而那些對他們的憧憬，後來就化作了愛意。

高三時，我第一次換了智慧型手機，最先安裝的APP就是推特。因為我想要稍微更靠近我喜歡的偶像們。我全副心思都放在時間軸上即時更新的照片和影片上。都高三了還整天都拿著手機不放。我還在推特上交到了朋友，偶爾會一起在線下見面、聊聊偶像的話題，常聊到忘我。

後來發生了一件狂洗時間軸版面的事件，就是江南站廁所殺人事件。首爾江南站附近的KTV廁所裡發生了一起驚悚的殺人案——一名男性讓先進廁所的六名男性出去後，用刀殺害了之後進來的一名女性。我的時間軸原本滿滿都是偶像的消息，卻瞬間被悲傷、憤怒和哀悼的推文覆蓋了。同時，有許多人主張，這起事件明顯是「厭女犯罪」，並非單純的「隨機殺人」。我的世界又再次被這些聲音覆蓋了。

老實說，你知道我第一次聽到這起事件時，心裡在想些什麼嗎？

「有個女人凌晨一點獨自亂晃，結果遇到了可怕的事」，然後又有個句子在我心中停留了許久，那就是「我們是運氣好才活了下來」。

女人在凌晨時到處晃為什麼是危險的事？我為什麼最先想到這個？一個又一個對世界拋出的疑問接連冒了出來。不論我再怎麼表達心中的憤怒，最後的結論都只有「女人要更小心才行」。女人為什麼得生活在「只有」女人要小心的世界呢？

舉著牌子和蠟燭、走入街頭的眾多女性期待的結果其實很簡單——保障女性的安全權、針對犯罪行為的正當處分。竟然必須主動要求這些理所當然的事，我相當絕望。我決心要站在照亮黑暗的那一方，跟她們一起發聲。我想讓人們看到，黑暗是贏不了光芒的。就在推文主題改變的那個時期，我追星的歷史也開始轉往其他方向。

當然，就算下定決心，我這個人也沒有立刻就一百八十度大轉變。二十多年以來一直生活在父權體制之下，連什麼東西構成了問題都不太了解。認識你後，我才再次面對現實，每次體會到自己過去有多麼無知時，我內心總是非常煎熬。不過，我也似乎沒辦法再回到之前不認識女性主義的生活了。我認為唯有承認這點，才能往下一個世界邁進。

身為一個女性主義者，我的實踐並不偉大——在擺滿了小說和散文的書桌上，其中有一本女性主義的書；搜尋刊登受害女性心聲的新聞來看；在請願欄位填入「我同意」三個字。這就是我做的全部。

如果有人問，那些連面孔和名字都不認識的女性的人生，為什麼讓我那麼揪心，對我來說那麼特別？我也不知道。只是，如果她們還活著，不管怎樣都會燃燒著名為人生的火花繼續活下去，但那小小的火苗就那樣無力地消逝了，讓我很難受。

我有你，以及我們，如果不能一起前進，終究都是過沒多久就會熄滅的小火苗。不過姐姐，我現在知道了。不管火苗有多小，一陣清風吹來就能壯大形體，讓我們燃燒得更旺盛。所以，我們絕對不要成為只能憑運氣活下來的人。

刺蝟

適合看待這個世界的濾鏡

你知道大家最常問我什麼嗎？「你是怎麼開始接觸女性主義的？」就是這個問題。大概是因為我在社群媒體上經營女性主義的帳號，大家才會這樣問。尤其最近實在太常被問了，所以我試著回想了一下自己與女性主義的初次相遇。

從小生長在父權社會而累積的種種經驗，一層一層堆積在我的生活中，直到遇見女性主義，這個堆積層才終於找到了合適的語言。之前的我，一直以為自己只是個沒有女人味，對世界充滿不滿，敏感又挑剔的人。

你應該聽過不少以「女生……」為開頭的禁令吧？從穿著打扮到小時候玩的玩具都能講，真沒想到世界上居然有這麼萬能的詞彙。如果張開雙腿坐著，就會被說：「你一個女孩子都不會害躁嗎？」如果字寫得像蚯蚓，就會被說：「女孩子寫字怎麼這樣？」如果吃飯掉渣渣，就會被說：「女孩子怎麼這麼邋遢！」啊！這個詞彙有時候還會被用來稱讚：「你跟其他女人不一樣。」不過，這真的是稱讚嗎？

當然，我之所以開始關注女性主義，還是有一個「導火線」的。那是二〇一五年，身為一個大學生，我在沒有想太多的狀況下選了一門課——「女性主義哲學入門」。教授出考題的風格和我很契合，我本來只是打算輕鬆賺個學分，然而我的人生卻以那堂課為起點，開始往截然不同的方向前進。

課堂上印象最深刻的部分是，人們在描述異性間的性關係時，使用的詞彙都非常以男性為中心。像是計算發生性關係的次數，就是以男性射精為基準來算的，而使用「插入」這個詞彙，也是站在男性的立場而非女性的立場，諸如此類的新思考，讓我的腦袋彷彿狠狠被人敲了一棍。我之前怎麼都沒有察覺到問題點？就像是換了一種思維模式後，打開了新世界的大門。偶然飛過來的火苗就這樣在我體內熊熊燃燒，把世界上所有審視的目光都燒光了。

對我而言，女性主義就是看待世界的濾鏡，也是讓我回顧自己的鏡子，更成為我付出愛的一種方式。試著理解他人的立場，察覺社會結構造成的問題。不再看著手指，而是看著指尖指向的地方。這些對我來說都是女性主義。

雖然現在才跟你說，但假如我們在我認識女性主義之前相遇，那麼我們大概不會變得像現在這樣親近，因為我之前比現在更憤世嫉俗、更自私……哈哈。

我很慶幸自己現在遇見了女性主義。假如我再更早一點認識女性主義，現在還有辦法繼續以女性主義者的身分生活嗎？說不定會比現在更孤單、更辛苦。

偶然飛來的火苗，偶然結緣的你我，偶然開始經營的女性主義帳號，這一切偶然的蝴蝶效應究竟會將我帶往何處？這個社會又會改變多少？我相信，就算生活的方向僅僅改變了一度，我們也會抵達截然不同的世界。

代蘭

一起的力量更大

如果世界上有一百個人，就會有一百種生活的方式。在那麼多方式當中，姐姐選擇了女性主義這條路。既不是毅然決然的選擇，也不是因為你特別堅強，為什麼還要選擇這條布滿荊棘的路呢？但另一方面，我又覺得這個選擇很像你的作風。

用全身去碰撞，按照自己的方式去愛他人，真的很了不起又帥氣！實在沒辦法不喜歡這樣的你啊。沒錯，姐姐比我想得還堅強，因為沒人能強過付出愛的人！我總是不斷想靠近你，大概也是因為如此。對一個無預警被雷陣雨淋成落湯雞的人來說，需要的不是雨傘，而是他人的溫暖。尤其像今天這樣的日子更是如此。

媽媽打呼的聲音聽起來比平常還大聲。我媽媽在學校做清潔工作，不曉得她今天是不是負責打掃廁所，睡著的臉龐依然有一層濃厚的倦意。在那對緊閉的雙眼之下，媽媽正作著什麼樣的夢呢？躺在媽媽身旁發出呻吟的奶奶，今天又度過什麼樣的一天？我刻意堵住耳朵，緊閉眼睛。用盡全力逃離她們的疲憊。雖然是家人，我卻沒有心力去關注。

其實我今天也非常累。上班時錯過公車，新嘗試的午餐選項也失敗了。在工作中還接連出了幾次錯，整天都把「對不起」掛在嘴邊。晚餐忙到沒時間吃，回到家後簡直就是筋疲力盡。在這種日子，好希望能有人安慰我，好想聽見有人說：「沒關係，辛苦了。」

然而安撫我的，只有一顆藥丸。

就像人們會按時吃營養品，我每天早晚也會吃藥。數過數量後，用水一起把五顏六色的藥丸吞下去。把悲傷吞進去比想像中更簡單。

不太了解我情況的家人問我：「你那個藥要吃到什麼時候？為什麼到現在還在吃？」其實我也不太清楚到底要吃到什麼時候。被無止境的憂鬱和焦慮吞噬而失眠的夜晚，不管經歷幾次都無法適應，而且也不知道什麼時候會好轉，只是繼續把藥吞下去而已。

想法一個又一個接連浮現，將我帶回童年的時光。那是衣衫襤褸又沒什麼可炫耀的時期。雙親有聽覺障礙這件事，一直讓我抬不起頭。我不喜歡媽媽和爸爸在運動會或懇親會時來學校，還曾經把家長通知書藏起來，也不曾邀請朋友來家裡。如果跟媽、爸一起搭地鐵，就必須忍受其他人充滿好奇或同情的視線，對我來說真是莫大的羞恥。

能若無其事地把過期一、兩天的東西吞下肚的那種不上不下的貧窮，也像影子一樣如影隨形。一放假就去正門前的卡車拿免費牛奶，我覺得很丟臉，每個學期初跟班導說明家中狀況後拿到的習題本，也讓我感到寒磣。

然而我最討厭的是沒辦法忍受這一切、否認根源的自己。但這些話我沒有人能傾訴，只能大口大口地吞回肚子裡。那時我還不夠成熟，沒辦法替那些情緒命名。必須成為更好的人，必須成為更棒的人，你的犧牲是理所當然的。在無數的「必須」當中，沒有任何能擁抱我的話語。

得面對自己到底是哪裡、傷得多深，才有辦法治療，但我的勇氣還不夠。光是像現在這樣檢視自己的內心，就已經花了很長的時間，決心接受幫助也是一樣。

開始諮商已經超過一年了。心理諮商師跟我說：「所有情緒都沒有對錯，你感受到的就是答案。沒有永遠的悲傷，雖然很慢，但你正在好轉。」

你曾經這麼對我說：「無論狀況多艱難，你都沒有放棄尋找希望，看起來就像是在水泥地上開花的蒲公英。」那天的我激動到睡不著覺。因為怕會忘記，我還特地寫在了日記上，每次覺得自己很糟糕時就會拿出來反覆咀嚼。人們都說要自救，但看來自己的力量還是贏不過有人和你一起的力量。

尋找受傷的根是很困難的事。把根挖出來時，小心不讓根傷到則更不容易。不過有一件事我很清楚，那就是總有人在等著我回頭，只不過是我沒有伸出手罷了，他們總是在那裡。我以後不要再覺得自己很孤單了，而且還要像你說的那樣，成為蒲公英的孢子往天上飛，不管在哪裡紮根，都能萌發出生命。

咻——

刺蝟

送本書給別人吧！

所謂的通信就是這樣嗎？它似乎讓我有勇氣傾訴原本不輕易說出口的事。想到你的童年，我的眼眶就開始發澀，並且想著下次見面時一定要送你一本書。

我非常喜歡送書給別人，即使我知道書一直都是大家最不想收到的禮物，還是改不了自己的喜好。我就是想送啊！有時候會在閱讀時想起某個人，有時候會特地替心事重重的人尋找適合贈送的書。尤其像現在這樣，想替對方加油、安慰對方時，沒有什麼禮物比書更好了！

回想起來，你也曾經送書給我嘛！這對我來說簡直跟求婚沒兩樣。發現一本書，想起我，想起我的書桌，然後下定決心買下書籍，再親自拿給我。使這一切繁瑣的程序得以執行的那份心意真的非常動人。然而，那是你第一次送書給我，也是唯一一次。為什麼你後來都不再送書給我了呢？（我等你喔^^）

事實上，沒有什麼像送書這般既容易又困難的事了。為某個人選書看起來很簡單，其實必須非常細心才行。我想將多年來的經驗濃縮後，告訴你幾個訣竅，等你熟讀後再送書給我吧！

⋯

為了成功送出一本適合的書，有四個重要事項務必得遵守。

第一、不要期待對方會讀你送的書。你可能會疑惑，那幹麼還要送？但我只是單純希望那本書可以放在那個人的空間裡。

根據二〇一九年國民閱讀實況調查的結果，韓國有超過一半的成年人一年讀不到一本書。我身邊的人大多也屬於這類，所以我至少會把包裝弄得很精美，再把書送出去。雖然光憑著手裡的觸感就能知道漂亮的包裝紙內包的是書，但拆開包裝的那瞬間還是會很開心又愉快嘛！

第二、我只送自己讀過後覺得很棒的書，或是想送對方某本書時自己先讀過，然後標出重要的段落再送出去。因為不管對方有多不常看書，通常收到別人送的書時，還是會快速地翻閱一下。我那麼做是希望對方至少能閱讀那個段落。

第三、在對方提到你送的書之前，絕對不要主動提那本書的事！因為對方大概有百分之九十九的機率還沒有讀。如果他讀完了，應該就會主動提起了。這個原則真的很難遵守。畢竟會送那本書就是覺得對對方很有幫助，如果他沒讀，會很想一直問。即使如此，還是要忍住！

最後，就算你送的書對方不喜歡也不要難過。不管你挑書時付出了多少誠意，那本書也可能只有你自己喜歡。不只是書，其他禮物也是一樣的。

遇到不閱讀的人時有很多該小心的地方，遇到喜歡閱讀的人時，則必須考慮那個人的喜好。另外，也得注意最近有越來越多人更喜歡電子書。

因為我經常在Instagram帳號上推薦女性主義的書，雖然這是最困難的一部分，但也非常有意義且有趣。我會細分狀況，根據不同煩惱推薦有助益的書，也會根據具體的主題，像是運動、不婚、女性運動史等來分類。我還為這個主題取了個名字——「這種時候就讀這種書！」我希望這麼做多少能幫到那些想閱讀女性主義的書，卻不知道該從哪一本書開始的人。

還是覺得送書給別人太困難又太沒效率了嗎？的確如此。不過，拋開這些缺點不談，它還是有一個非常棒的優點。那就是收禮的人完全能感受到送書人的心意。

好了，那麼就請你送書給我吧！

代蘭

我們會過得非常好

姐姐，你今天心情如何？

我今天想用這個句子開頭，你就輕輕略過這個問題也沒有關係，我只是想知道你的狀況。你是不是正因為比電視劇還戲劇化的現實而感到絕望？你的笑容是真心的嗎？如果感到難過，我想知道是什麼讓你難過。

如果人生的經驗值也可以像打怪升級那樣持續累積就好了，但就算年紀增長，人生的經歷也沒辦法白白獲得。世界上有很多東西都得親身去碰撞才會懂。我開始明白，不能只盯著地上走，偶爾也要抬頭仰望天空；我開始明白，不可以只看著整片森林前進，有時還要懂得留意一棵棵樹木。我也體悟到在一段關係中必須真心相待，以後才不會後悔——其實這是最近才學到的，而且是姐姐的信教會了我這點。

對生活忍無可忍的焦慮和飢渴迸發時，我經常會想起你寫給我的信，於是我越來越常下定決心，別光是看向未來而錯過了現在。我就這樣跟在你身後，不知不覺已經走了好遠。

有時候看著姐姐，會覺得你正用那副小小的身軀，正面迎擊這個龐大的世界，那模樣看起來激烈又懇切。雖然你可能覺得自己是膽小鬼，但我一直認為你比誰都還堅強，我從未懷疑過這點。即使有一步會猶豫，但仍會果敢地再往前邁出十步，我喜歡你的堅強。

你手裡總是拿著女性主義的書，持續經營女性主義帳號，這些事沒有一件是容易的，但我知道這一切都是因為你不求回報、對人付出很多的愛才有辦法做到。你知道嗎？因為你的愛而發生的許多事，帶給人們很大的安慰和共鳴，如果你還不知道，我希望你一定要明白。

當我完全無法在生活中找到信心時，我就會去看你的帳號。我明白持續增長的追蹤人數意味著什麼，這清楚地證明了有越來越多人選擇跟我們站在一起，想到這裡，也讓我的心產生了力量。我想讓人們看看我們吃得好、過得好的樣子，甚至開始期待改變後的世界了呢！

兜兜轉轉，無數女性的生活終究成了我自己的生活，很自然地替她們加油打氣、支持她們、愛上她們。我能夠感受到這些都是托你的福，能遇到你真是太好了。

刺蝟

活到現在做過最棒的事

今天是開始經營這個帳號的第九百天，祝賀我吧！我有多用心經營這個帳號，花多少時間和精力去累積一則則貼文，相信你都看在眼裡，但你知道我一開始是怎麼決定要經營這個帳號的嗎？不是因為想讓大家認識女性主義，也不是想為更好的世界奉獻，我不是懷抱這種大義開始的。我其實只是想在一個朋友面前好好表現罷了。

沒想到已經過了三年。以前我有個很要好的朋友A，她當時在法國讀書，即使首爾和巴黎有八個小時時差，還是無法阻止我們跟彼此拌嘴。我們的興趣相近，最重要的是笑點很一致，所以一路聊到清晨五點也不覺得累。

某一天，A在對話中使用了「媽爸」這個詞彙。那種表達方式對我來說還相當陌生，而且有點挑釁意味。該怎麼說呢？就像是破壞了社會定下的語言框架。我問A為什麼那樣講，A說她只是先講跟自己更靠近的那一邊而已。就像韓日戰那樣，只是改變了一個字的位置，整個感覺就變得完全不一樣了。朋友根據自己的信念使用語言的模樣，看起來非常帥氣，就像現在的你！

我們平常會分享自己對社會問題的各種看法，其中當然不可能漏掉女性主義。不過，與其說我是對女性主義感興趣，不如說我只是覺得跟A聊天很有趣。我很喜歡那個朋友看待廣闊世界時那種犀利又敏銳的視角。

有一天，我基於想更親近A的心理，誠實地說出了自己的想法：「我雖然對女性主義感興趣，但我只是個旁觀者。」

沒想到朋友居然回我：「我不想跟理直氣壯地說自己在旁觀的人繼續當朋友。」

這個出乎意料的回答讓我非常慌張。難道我犯了什麼滔天大錯嗎？我自認為有在關注女性主義啊！承認自己是旁觀者不是很勇敢嗎？實在有夠冤枉！我可是女性主義書籍的讀者耶（仔細想想，這又不是在當官）！

雖然我不明白自己為什麼要遭受這樣的指責，感到委屈又煩躁，但是我也不想就這樣和A疏遠。又不是因為其他事，我不能讓我們的關係只因一句話就化為泡影。但我該怎麼做呢？如果A知道我有多關心女性主義，是不是就不會那麼生氣了？其實我也沒那麼袖手旁觀啦！為了表達這無聲的吶喊，我開始經營「閱讀女性主義」的帳號。

本來只打算做一個月看看的，其實就連一個月對我來說都是不可能實現的目標，因為我本來就不是能一直堅持做一件事情的個性。這樣的我在利用公司午休的空檔製作圖片、寫新聞，在喝醉酒的狀態下還打開女性主義書籍閱讀。大概就是從那時候開始吧！我再也不是為了那個朋友，而是為了我自己才經營這個帳號。連我都無法理解自己的內心轉變，還有之前感受過的模糊的不愉快，都在閱讀女性主義書籍的過程中變得越來越鮮明。就像墨水在宣紙上暈染開來那般，一點一點慢慢地，卻非常鮮明。

我只是因一時意氣，在只讀了幾本女性主義書籍的狀況下就開始經營帳號，所以經常收到批評的私訊。其中有一則還提到：「希望女性主義的帳號不要上傳男作家的書籍。」雖然我並非完全認同那個人的意見，但托那人的福，我也因此得知部分男性在女性主義的領域，反而更有發言權。

雖然我們每個人都需要女性主義，但光是男性的女性主義者這個身分，就足以讓他們受到更大關注或掌握發言權。人們跟我說「閱讀女性主義」帶給他們許多幫助，但其實是我學習到更多。我原本是很膽小的人。在這個帳號背後的我總是在猶豫、煩惱，十分懦弱。沒想到在粉絲眼中，身為「帳號經營者」的我是一個勇敢帶頭發聲的人。大家越是這麼想，越是讓我下定決心要更努力學習、更鼓起勇氣、更勤奮去做，真的成為那種帥氣的人。

看來，一起關注這個帳號的人增長後，我在跟他們互相影響的過程中也逐漸產生了變化。說實話，我雖然在經營女性主義帳號，但還是不敢光明正大的在人多的地鐵或公共場所翻開女性主義的書。但我現在再也無法想像沒有女性主義的生活了。

我似乎稍微懂了，A為什麼那麼生氣，我當初說的話又意味著什麼。當時我自以為是中立的旁觀者，但其實那種不上不下的態度，「正是讓目前歧視的狀態持續下去的一方，也就是跟權力所在之處相同的位置上[4]。」

我以後也會犯錯，但沒關係。一開始雖然生疏，但幸虧有人支撐著我——狠狠指出問題的朋友A，一起分擔惡意留言壓力的你，展現姐姐風範的棉花糖姐姐和女性主義讀書會的成員，還有一起討論問題、分享經驗、支持這個帳號的粉絲們。因為這些人，才有了現在的我。

「我在經營女性主義的帳號。」這句話裡包含了多少喜怒哀樂啊！貼文因為荒謬的理由被強制刪除，被人指責我不是「真的」女性主義者，有時還得吞下誤會與解釋。即使如此，我依然安撫自己，再多撐一天吧！看著我的腳趾尖就好，從這裡再往前邁一步就好。雖然常常因為壓力睡不著覺，但我還是沒辦法放棄。因為開始經營我的祕密帳號「閱讀女性主義」，是我活到現在做得最好的事。

4. 出處：《那就是厭惡（그건 혐오예요）》，洪在熙著。

我的夢想原本是能趕快死掉。現在偶爾也會遇到想用死亡來逃避的時候，不過跟姐姐待在一起，似乎就會產生能再多活一點的力氣。請一直待在我身邊，我會蹦蹦跳跳地跟在你身後的。

你黏著我絕對不會吃虧，所以不要跑到別的地方去，緊緊黏好了！呵呵

刺蝟、代蘭

繼續關注——這種時候就讀這種書！

「閱讀女性主義」會介紹各式各樣的女性主義書籍，很多人會私訊或留言詢問對他們有幫助的書，我決定挑幾個最常見的問題來回答。

在前面我提到了四個送書給別人的成功法則，應該還沒忘吧？尤其是第四項——你喜歡的書，對方不一定喜歡。這真的很重要！就像你覺得這家餐廳很好吃，但無法保證對方也覺得好吃一樣。但出於想招待各位享用一頓美味書籍大餐的心情，我還是想介紹幾本書給大家。

對了，最近有些人批評女性主義的書籍如雨後春筍般大量出現，其實在我看來，根本還遠遠不夠。我經常會想：「為什麼這本書裡沒有那種內容？」我希望能有更多人說出對女性主義的看法，說出自己的經驗。

Q「女性主義」這個詞彙聽起來很陌生，好像很難。

沒錯，確實會有那種感覺。我也不是一出生就是女性主義者。但不要只覺得難就退縮，不妨先從現在我們面臨的現實開始觀察看看吧！我要推薦的書就是金秀貞律師的《從很久以前就有罪（아주 오래된 유죄）》。

本書用淺顯易讀的語言，討論了N號房事件、職場性騷擾、家庭暴力、兒少性虐待問題等現在正在發生的事件。跟著作者讀過一樁樁事件時，憤怒會突然湧上心頭，甚至會落下淚水。即使如此，慢慢跟在帶頭的女性身後，踏上她們走過的路時，不會只有恐懼和茫然。你可以從書中感受到，女性並沒有絕望，她們為了繼續走下去使出力量、提起勇氣來面對現實，而且彼此之間有深刻的羈絆。

順帶一提，本書是「閱讀女性主義」推薦書單中讀者反應最熱烈的書喔。

Q我正在考慮不婚，但身邊沒有不婚的女性，讓我越來越煩惱。

最近以不婚為主題的書籍突然變多，我還在暗自竊喜，這下終於遇到同好了！「該怎麼樣才能做到不婚？」「跟別人做出不同的人生選擇，真的沒關係嗎？」

其實我有時候也會沒來由地突然感到茫然，直到我讀到洪在熙作家的《第一個不婚世代的誕生（비혼 1세대의 탄생）》時，真的很高興。這本書的副標題是「沒有走入婚姻的女性的喜悅與悲傷」，內容講的是五十多歲的不婚女性在韓國的生活，詳細討論了女性遠離父權主義後的人生是如何過下去的。書中那些走上不婚之路的姐姐們的故事，一定能幫助你具體地將原本迷茫的未來描繪出來。

Q請推薦適合男性友人閱讀的女性主義書籍。

真的有很多人問我這個問題！「閱讀女性主義」的粉絲中，男性大約占了百分之十。即使如此，我還是不得不謹慎。究竟該推薦什麼書，才能讓遞出書的各位以及閱讀的男性，在閱讀前和閱讀後產生一點小小的變化呢？我煩惱許久之後，決定推薦以下的書籍。

如果對方完全不了解女性主義，那麼能讓他全面認識社會弱勢正在經歷何種困難的書籍，應該會很適合。那就是金知慧作家的《善良的歧視主義者》[5]。這本來就是暢銷書，應該很多人知道。我初次讀到這本書時，甚至覺得：「喔，原來作者寫這本書的目的就是要我反省！」因為我也是非常「善良的」歧視主義者。讀完後，我又送了好多本給身邊的朋友。

「選擇障礙這個詞彙為什麼會構成問題？」本書從是以一個問句作為開始。我認為就算只閱讀前幾章也非常有價值。而且不僅是女性，書裡還談論到其他社會弱勢，對拓展視野很有幫助。一本書竟然

5. 선량한 차별주의자，臺灣東販出版。

能讓這個世界看起來完全不同！其實我很想將這本書當作必讀讀物推薦給每個人，無論性別、無論年紀都很適合。

Q因為女性主義而和男朋友起衝突時，能讀什麼書？

我曾向有類似煩惱的朋友推薦了朴恩智作家的《雖然還不是女性主義者（페미니스트까진 아니지만）》，結果她一天就讀完了，而且聽說還流了點淚。

從根本來看，這其實是態度的問題。當朋友、家人、戀人的立場跟自己不同時，我們該怎麼做？如果各位遇到這樣的狀況會如何呢？你可能會傾聽對方的心聲，也可能會盲從周遭的言論而傷害到心愛的人。

另外，也要思考看看在這段關係中，你能容忍多少差異？你的立場是什麼？對方的立場又是什麼？你想要和對方維持什麼樣的關係？

Q 常和講厭女言論的家人起衝突，覺得很痛苦。

這大概是每個人多少都有過的經驗。即使如此依然提出問題，應該是因為我們心裡還是有點想理解對方，跟對方溝通看看吧。

接觸女性主義後，經常會因為一個詞彙就變得敏感，感到不舒服時，我推薦潘有花作家的《女孩，陪你聊聊心裡的傷》[6]。作者是一名專攻女性研究的精神健康醫學科醫師，她深刻又周到的安慰和建議，將會成為各位心中的一道光。

媽媽用「女性主義主謀」來稱呼經營女性主義帳號的我，而我作

6. 여자들을 위한 심리학，大好書屋出版。

為女兒還倚靠著媽媽的勞動過生活。我們之間怎麼可能沒有衝突呢。在媽媽的時代，覺得為家人付出是理所當然的事，但我的世代則是將自己放在最優先順位，這兩者的差距真的非常大。我了解並承認這些差異後，才看清楚媽媽一直以來的生活。但差距還是很難一下子就縮短。

不管你面對的是戀人、家人還是朋友，一定都會有差異，就算生長的時代相同，也並非每個人都擁有同樣的想法和意見。因此，要不要跟對方溝通，選擇權在你身上。但必須先認知到，自己沒辦法輕易改變對方。希望你能思考看看往後要怎麼和對方相處，要用什麼方式和對方溝通。

Q想用有邏輯的方式說服那些辱罵女性主義的人。

我有段時間也常常那樣想。如果我了解得更多，如果我講話更有邏輯，如果我能更冷靜說明，那些人是不是就能理解女性主義？

不過我現在的想法有些改變了，試圖跟那種不關心女性現實處境的人進行有建設性的對話，本身就是一件很困難的事。不管你多客觀地提出實際統計數字，對他們都沒有用。關上耳朵、閉上眼睛的人，什麼都聽不見，什麼都看不見。他們會提出極少數的反例，質問你那種狀況該怎麼解釋，根本沒完沒了（這是我處理大量惡意留言後累積出來的心得）。

所以，與其花力氣去說服極端的反女性主義者，不如多花心思在改變整體社會氣氛上。就算全世界都非常清楚種族歧視是不對的行為，依然還有人在主張白人至上主義，不是嗎？

當然，還是有書能帶來幫助的！那就是李敏京作家的《我們需

要語言（우리에겐 언어가 필요하다）》。雖然是二〇一六年出版的書了，現在仍有很高的人氣。關於該如何應對他人的言論，本書提到許多可實際運用的方法，而且也讓讀者明白，我們從一開始就沒有義務回答那些問題，我覺得這相當重要。

在我了解到自己不必回應所有惡意的提問後，心裡輕鬆了不少。

Q認識女性主義後，以前看得很開心的電視節目，現在也讓我不太舒服。

完全同意！明明以前覺得很有趣的場景，現在再也笑不出來了。那個很好笑嗎？我覺得很不舒服耶！是我太敏感嗎？還有那個臺詞是怎麼回事？明明是為了消除疲勞才找影片來看，結果卻看得頻頻皺眉。而且我對於自己沒辦法清楚解釋那個場景到底哪裡有問題，也感到很鬱悶。這種時候，沒有比看書更好的了！

我要推薦的是李子妍作家的《昨天那個你看了嗎？（어제 그거 봤어？）》。這是一本文化評論散文，作者從電視劇、綜藝節目、電影、記錄片、動畫等領域中挑選了二十九部熱門的作品，以女性主義的觀點書寫。如果你很喜歡看電視，應該多少都有看過那些作品，讀起來一定更有共鳴。

另外，這本書也能幫助我們進一步思考平時容易接觸的電視節目和媒體對我們——尤其是對女性——造成了什麼損害。

Q有女性主義相關的繪本嗎？

我有三本很想介紹給大家的繪本，所以雖然沒有人問我這題，還是決定要自問自答。

首先是趙藝瑟作家的《新衣服（새 옷）》，呈現了女性的覺醒、成長和羈絆；再來是羅慧作家的《射門！（슛！）》，以隱喻的方式畫出女性擺脫看不見的壓制，開始主導人生的過程。最後是育苗團隊（Equipo Plantel）的《女生　男生》[7]，該書打破了滲透進生活中的性別刻板觀念。

這些繪本我都會定期拿起來翻閱，因為繪本讀起來輕鬆無負擔，而且每次閱讀都會有新的感受。我也很喜歡買來當禮物送人，很適合和小孩子一起看喔！

Q請推薦更多好書！

每次收到這種問題我都有點興奮，一直很想推薦我私心喜歡的書，這下終於逮到機會了。首先，強力推薦成為我人生轉折點的李羅

英作家的《沒有真正的女性主義者（진짜 페미니스트는 없다）》！

雖然推薦理由涉及我過去的黑歷史，有點丟臉——我以前對同樣是女性主義者的人，總是有更高標準的要求。也就是為了達到無人可抵達的完美無瑕的境界，我會無止境地批判和鞭策。然而，作者在書中指責的部分有百分之一百二十都跟我的狀態一樣，害我嚇了一大跳，也讓我反省很多。如果沒遇到這本書，就不會有現在的「閱讀女性主義」帳號，這本書對我的影響力就是這麼大。

不過，這本書是二〇一八年出版的，書中的案例難免和現在的狀況有些不符。這種時候我建議你搭配閱讀李羅英作家的《暴力的陳腐（폭력의 진부함）》和《政治的餐桌（정치적인 식탁）》。只要是李羅

7. Las mujeres y los hombres，字畝文化出版。

英作家的書，我都會先買再說，因為讀了絕對不會後悔。

Q我想了解更多！

以前曾經有人問我：「閱讀女性主義理想中性別平等的世界，是什麼模樣？」

我的答案是：「不將男性視為人類基本型態的世界。」

這是什麼意思？請讀卡洛琳・克里亞朵・佩雷茲（Caroline Criado Perez）的《被隱形的女性》[8]。人類歷史的發展到底多麼以男性為標準？書中將根據龐大的統計資料和數據一一分析給你看。

---

8. Invisible Women: Exposing Data Bias in A World Designed for Men，商周出版。

女孩的祕密帳號／金刺蝟、徐代蘭（김도치、서반다）. 張雅眉 譯 . -- 初版 . – 臺北市 : 時報文化，2024.7；192 面；12.5╳19 公分 . --（VIEW；148）
譯自：언니의 비밀계정
ISBN 978-626-396-347-4（平裝）

1.CST: 女性 2.CST: 女性主義

544.5 113007408

ISBN 978-626-396-347-4
Printed in Taiwan.

※This book is published with the support of Publication Industry Promotion Agency of Korea(KPIPA).

VIEW 148

女孩的祕密帳號

언니의 비밀계정

作者 金刺蝟、徐代蘭｜**譯者** 張雅眉｜**主編** 尹蘊雯｜**執行企畫** 吳美瑤｜**封面設計** 之一設計｜**副總編輯** 邱憶伶｜**董事長** 趙政岷｜**出版者** 時報文化出版企業股份有限公司 108019 臺北市和平西路三段 240 號 3 樓 發行專線—（02）2306-6842 讀者服務專線—0800-231-705．（02）2304-7103 讀者服務傳真—（02）2304-6858 郵撥—19344724 時報文化出版公司 信箱—10899 臺北華江橋郵局第 99 信箱 時報悅讀網—www.readingtimes.com.tw 電子郵件信箱—newlife@readingtimes.com.tw｜**法律顧問** 理律法律事務所 陳長文律師、李念祖律師｜**印刷** 勁達印刷有限公司｜**初版一刷** 2024 年 7 月 19 日｜**定價** 新台幣 380 元｜（缺頁或破損的書，請寄回更換）

時報文化出版公司成立於 1975 年，1999 年股票上櫃公開發行，2008 年脫離中時集團非屬旺中，以「尊重智慧與創意的文化事業」為信念。